100 Things Millionaires Do

# お金持ちがしている 100の習慣

ナイジェル・カンバーランド
Nigel Cumberland
児島 修 訳

ダイヤモンド社

100 THINGS MILLIONAIRES DO
by
NIGEL CUMBERLAND


First published in Great Britain in 2019 by NB Limited
Japanese translation rights arranged with NB Limited, London,
through Tuttle-Mori Agency, Inc., Tokyo

この本を、息子のゼブ、継娘のヤスミン、そして望む富を手に入れることで人生を豊かで有意義なものにしたいと願っているすべての人に捧げる。

読者一人ひとりが、経済面でも人生でも、それぞれ自分に合った豊かさを手に入れるための道を見つけられますように。

小さなものは、少しずつ少しずつ増えていき、そして大きくなる。

――タンザニアのことわざ

# はじめに

# 「使う前に稼ごう。投資する前に考えよう。やめる前に粘ろう。引退する前に貯めておこう。死ぬ前に分け与えよう」

あなたにとって、経済的な成功とは何を意味しますか？

裕福であることは、人生においてどれくらい重要ですか？

「自分は経済的に成功している」と思えるかどうかは、あなたや大切な人たちが人生で何を必要としているか、どのような目標や夢を持っているかで決まります。

本書を手に取ったあなたは、富を築き、裕福になりたいと思っているはずです。

まずは、「お金持ちになりたい」というその思いを、かみ砕いて考えることから始めてみましょう。

あなたは、具体的にどのような形で経済的に豊かになりたいと思っていますか？

その答えを、書き出してみましょう。以下に例を挙げます。

- **家を買い、できるだけ早くローンを完済したい**
- **仕事を辞めても生活できる、安定した投資収入が得られる仕組みをつくりたい**
- **子供に最高の教育を受けさせるための学資を確保したい**
- **ミュージシャンやシェフになるといった夢を実現させるための資金がほしい**
- **収益率の良い不動産投資のポートフォリオを構築し、家賃収入だけで生活したい**
- **借金を完済したい**
- **十分な量の株式や金融資産を保有して配当金だけで生活したい**
- **格好いいスポーツカーを購入したい**
- **経済的な安心感を得たい**
- **財団を設立し、富を社会に還元したい**
- **子供たちに財産を残したい**

私はこれまで、何百人もの人たちを相手にコーチングをしてきました。そして、それらの人たちが目指している、様々な形の経済的な夢や目標について詳しく話を聞いてきました。また、この人たちが富を手にしようとするときに直面していた、あらゆる課題や困難にも耳を傾けてきました。

一つだけ、はっきりしていることがあります。

それは、あまりにも多くの人が、「貯めなすぎ、使いすぎ」な暮らしをしているということです。

表向きはとても裕福に見える人でさえ、借金を抱えていることが少なくありません。自信を持って「私は経済的な目標を達成し、十分な富を築いた」と公言できる人にはめったにお目にかかれないのが現実なのです。

**本書を手にしたあなたは、資産を増やすための大きなチャンスを得ています。**

ぜひこの機会に、自分の人生の目標や、実現していない夢や願いについて、じっくりと考えてみてください。

あなたがこの素晴らしい地球上にいられる時間には限りがあります。その貴重な時を、どんなふうに過ごしたいか、真剣に自問自答してみましょう。

本書を読むことは、あなたが経済的に何を求めているかを大きな視点で明らかにするための、絶好のチャンスです。

この本を読めば、あなたは誰のため、何のために資産が必要なのかを整理できます。お金に関する夢を実現するために何をすべきかも、深く掘り下げて考えられます。

本書はあなたを豊かな人生に導くためのガイドです。

本書は、「お金持ちがしている100の習慣」を一つずつ紹介する、100個の短い章で構成されています。これらの章をパズルのように組み合わせることで、自分の望みや状況に合わせて、経済的な夢を実現するために必要なものが理解できるようになります。

本書では、以下のような鍵となるテーマを通して、あなたにとって富とは何かを探っていきます。

- **目標と夢**
- **思考と行動**
- **人間関係**
- **時間軸**
- **富の種類**
- **投資の方法**
- **成功と失敗**

・仕事と引退
・援助と贈与

## 本書の使い方

本書の各章には、あなたが経済的な目標を達成するのに役立つポイントが紹介されています。

**各章の前半ではその習慣のポイント**について説明します。

**後半の「実践しよう！」では今すぐに始められる様々な実践方法**を紹介します。

この実践編を軽視しないように気をつけてください。

ここで紹介するものは、経済的な成功の可能性を最大限に高めるために必要な考え方や習慣、能力、人間関係、行動を身につけるのに役立ちます。そのなかには、あなたを驚かせるものや難しいと感じるものも、簡単だと思うものもあるでしょう。

しかしこれらはすべて、「お金持ちになるために必要な、スキルのポートフォリオ」を築くうえで重要なものです。

これらを実践すれば、経済的に成功するためのマインドセットと、富を築くために必要な「やるべきことリスト」が手に入ります。

**本書で紹介しているお金持ちのマインドセットと、「やるべきことリスト」を実践するのは簡単ではありません。だからこそ、そのために時間と労力を費やそうとする人もわずかしかいないのです。**

しかし、経済的に成功している人はこれらを実践しています。

実践編のなかには、現在のあなたの経済的な状況や目標に応じてすぐにできるものもあれば、後回しにすべきものもあります。本書のアイデアやアドバイスのなかに、今の自分にはすぐに役に立たないと思われるものがあれば、ひとまずそれらを脇に置いて、適切な時期がきたときにあらためて取り組むようにしましょう。

## なぜ著者は経済的な豊かさに関心を持つようになったのか？

本書は、私がコーチとして20年以上にわたって世界中の人々を指導してきた経験から得た知恵と知見をもとにして書かれています。これらの人々は、裕福なＣＥＯや資金繰りに苦労している起業家、フルタイムの投資家、学校を卒業したばかりの人まで、実に様々な状況にあり、それぞれの経済的な目標や夢を持っていました。

彼らの経験を知ることは、あなたが経済的な豊かさを手に入れる旅を歩むうえでの、極めて価値の高い指針やアドバイスになります。

もちろん、私自身がこれまでの50年の人生経験から得た知恵も提供します。私は個人的にとても大きな経済的な浮き沈みを経験してきました。また、次のような経験を通じて価値ある教訓を学んできました。

**・イギリスの勅許管理会計士協会（CIMA）のフェローになるため、自分に投資をした。**
**・努力を重ね、26歳の若さでFTSE100企業の地域財務責任者になった。**
**・新興企業に積極的に投資をしてきた。大きな失敗をしたこともあるが、多数の成功も収めた。たとえば2006年には、アジアの人材紹介事業をイギリス最大の人材紹介会社へイズに売却することに成功した。**
**・妻と不動産開発事業を立ち上げ、様々な土地や建物への投資やリフォームを行った。**
**・著作の印税などの、臨時収入が得られる仕組みをつくった。**

もっとも重要だった経験は、資産との有意義な付き合い方を学んだことです。私は様々な経験を通して、資産とは、自分や大切な人たちが充実して有意義な人生を送るために必要なものだと考えるようになりました。

私はこれまでのすべての仕事と経験をもとにして、あなたが経済的な成功を収め、自身や周りの人々、世のなかのために豊かで充実した人生を創り出すのに必要な習慣を１００個にまとめました。

読者のみなさんが、本書を読むことで経済的な成功と自由を得られるようになることを心から願っています。

本書に書かれているアドバイスが、あなたが自分にとって本当にふさわしい人生を創造することに役立ちますように。

# お金持ちがしている１００の習慣　目次

はじめに

お金持ちの習慣 1

# お金持ちになりたい理由を明確にしている

Why do you want to be wealthy?

**お金持ちになる人はなぜ裕福になりたいか理解していて、お金持ちにならない人はそれが漠然としている**

「今こそ、自分が人生に何を求めているのかをはっきりさせよう」

あなたは、なぜ本書を手にとろうと思ったのでしょうか？　お金持ちになりたいから？　これ以上お金のことで悩みたくないから？

「そんなこと、どうでもいいじゃないか」と思った人もいるかもしれません。しかし、「なぜお金持ちになりたいのか」という動機をきちんと理解していないと、将来の経済的な目標をはっきりと設定することはできないのです。

私はコーチングをしてきた大勢の人々に、資産を築こうとする理由を尋ねてきました。

次にその答えの例を挙げます。

- **自分が若い頃に経験したような貧しさを子供に味わわせたくない**
- **毎月の支払いに追われるような苦しい生活から逃れたい**
- **自分のきょうだいより裕福になりたい**
- **学校時代の友人より成功したい**
- **将来の目標や夢を実現させるためにまとまったお金が必要**
- **人にお金を与えられるくらい裕福になりたい**
- **お金持ちになれば、自分自身に価値を見いだし、自信を持てるようになると思うから**
- **借金を返し、良い家に住みたい**

裕福になりたい動機は、人それぞれです。このリストに当てはまる人もいれば、まったく違うという人もいるでしょう。これはどれかが正しくて、どれかが間違っているという問題ではありません。どの動機にも、価値があります。

大切なのは、それがどんなに些細なものでも、たとえわがままな理由であっても、「自分はなぜお金持ちになりたいのか」という動機をはっきりさせておくことなのです。

もしこの動機がはっきりしていなければ、何に集中すべきかわからなくなり、人生の貴重な時間を無駄にしてしまうことになります。

**お金の格言**

**お金持ちになること自体が目的になるのは無意味である。裕福になることが自分にとって何を意味するかを、はっきりと理解しなければならない**

Making money for money's sake is meaningless.
Know what building wealth means to you personally.

# 実践しよう！

Put it into action

## □お金持ちになりたい理由を書き出す

あなたはなぜ裕福になりたいのでしょうか？　その理由を、紙に書き出してみましょう。その際、「マインドマップ」を使ってもよいでしょう（マインドマップとは、頭のなかで考えていることを視覚的に書き出す「思考地図」です。まず紙の中央に円を描き、その円のなかに「お金持ちになりたい理由」と書き込みます。この円から放射状に枝を広げるようにして線を描き、浮かんできた言葉をその線に沿って付け足していきます）。

理由を考えるうえでのヒントを得るために、次の質問について考えてみましょう。

- **満たされていない夢や願望は何か？**
- **10年後、20年後、30年後に、どんな人生を送っていたいか？**
- **現在の生活で経済的に満足している点、苦労している点は何か？**
- **他人と自分の経済状況を比べたとき、どんなことを考えるか？　手本にしたい人はいるか？**
- **身近な人が経験したお金に関する苦労や失敗と同じ状況に陥りたくないがゆえに、気をつけて**

**いることはあるか？**

じっくりと考えて裕福になりたい理由を書き出し、大切に保管しておきましょう。新しい理由が見つかったときには、その都度付け足していきます。

## □もっとも強い動機を考える

リストが完成したら、それを見直して、自分が裕福になりたい理由のなかで、もっとも重要なものを選びましょう。複数の理由を選んでもかまいません。正直に、本音で考えましょう。このプロセスを通じて、あなたは自分にとってもっとも大切な価値観が何かを探ることになります。お金持ちになるための行動を起こそうという気持ちが、自然に生まれるような理由を選びましょう。

選ぶのが難しければ、視点を変えてみましょう。リストのなかに、あなたを落ち着かない気持ちにさせるものはないでしょうか。自分にとって本当に重要な理由ではなく、ネガティブな理由や不純な理由は紛れ込んでいないでしょうか。

## □大切な人や友人と話し合う

人の意見を聞くと、自分の考えを別の視点から見直しやすくなります。誰かと一緒に、「自分が裕福になりたい理由」を考えてみるのもよいでしょう。相手が挙げる理由には、あなたを驚かせるような意外なものがあるはずです。人の考えを聞くことは、自分の考えをまとめるうえでも大いに役立ちます。

お金持ちの習慣 2

# 豊かさのデメリットも熟知している

What does wealth mean to you?

## お金持ちになる人は裕福になることを現実的に考え、お金持ちにならない人は良い面しか想像しない

「富とは、長いあいだ憧れていた人生を可能にする手段である」

「お金持ちになること」について考えるとき、どんな考えや感情が頭に浮かびますか？日々のストレスが魔法のように消えて、夢のような生活が自由に送れるという最高の状況を想像した人もいるのではないでしょうか。

しかし私の経験では、それは人々が咄嗟《とっさ》に思い浮かべがちなイメージにすぎません。よく考えてみれば、お金持ちになったがゆえに様々な不安が生じることがわかるはずです。例を見てみましょう（これらはすべて、私がコーチングをしているクライアントから実

際に聞いた言葉です）。

お金持ちになることの典型的な第一印象

「夢の人生を生きられる」
「自分らしくなれる」
「人に自慢できる」
「やりたかったことが何でもできる」
「みんなが友人になってくれるはず」
「お金のことでもうパニックにならなくてもいい」
「やっと幸せになれる」

よく考えたときに浮かんでくる不安

「お金持ちになった自分を想像すると怖くなる」
「自分を見失ってしまいそう」
「人に嫉妬される」
「大金の使い道がわからない」
「みんなからお金をあてにされそう」
「自分で資産を管理する自信がない」
「私にお金持ちの暮らしはふさわしくない」

「なぜお金持ちになりたいのか」を考えるとき、誰でも、有意義で価値ある理由は思い浮かぶでしょう。しかし、実際にお金持ちになった自分を想像してみると、良いイメージのみが浮かぶのは一瞬で、よく考えれば複雑な感情が湧いてくるのがわかるはずです。
「お金持ちになる」といった人生を大きく変えるような出来事があれば、希望や喜び、不安や恐れまで、様々な感情が入り混じるのは人として当然なのです。
しかし、お金持ちになることへの負のイメージを心の奥底に抱いたままにしておくのは問題です。それがブレーキになり、裕福になるための行動を妨げてしまうからです。

**お金の格言**

**お金持ちになることを想像したときに、ポジティブなものだけではなく、ネガティブな思考や感情も生じるのは人間として当然である。これらの感情とうまく付き合っていくことが重要だ**

It is OK if you are unclear about what becoming wealthy makes you think and feel.

Put it into action

# 実践しよう!

## □自分に正直になる

心理学の「言語連想法」を用いて、自分の正直な考えや気持ちを探ってみましょう。次の言葉から連想する言葉を、紙に書き出してみましょう。

**・お金を稼ぐ**
**・裕福になる**
**・資産運用をする**
**・お金持ちとして生きる**

これらの言葉から連想した思考や感情は、ポジティブで魅力的なものでしょうか? それとも、ネガティブなものでしょうか? 頭に浮かんだ言葉を紙に書き出しましょう。

紙に書いた言葉を、じっくりと眺めてみましょう。自分の思考や感情に驚いたり恥ずかしがったりする必要はありません。お金持ちになると想像したときに、ワクワクした気持ちになるのも、不安や心配に襲われるのも、人間として自然なことです。あなたが連想した言葉にも、ポジティブなものとネガティブなものが両方あったのではないでしょうか。

あなたが書き出したポジティブな言葉は、あなたを元気づけ、やる気にさせてくれるものです。お金持ちになるための旅を歩むとき、良き相棒として常に身近に置き、折に触れて思い出しましょう。これらの言葉を、目標に向かって進むための力に変えていきましょう。

一方、不安や恐れ、懸念事項についても、目をそらさずに探求していく必要があります。本書を読み進めながら、それらに取り組んでいきましょう。

お金持ちの習慣 3

# 必要な資産額を答えられる

How wealthy do you want to be?

**お金持ちになる人はいくら必要か明確で、お金持ちにならない人ははっきりとした目標がない**

「世のなかには富が溢れている。あなたは自分の取り分を手に入れることだけを目指せばよい」

「どれくらいの資産を手にすれば裕福になったと言えるのか」――これは、100万ドルの価値がある質問です。

正確には、これは「240万ドル」の価値がある質問かもしれません。というのも、2017年に金融サービス会社のチャールズ・シュワブが21歳から75歳のアメリカ人1000人に実施したインタビューによれば、回答者は平均して、経済的に十分に快適だと感じるには年収140万ドル、自分を富裕層だと見なすには年収240万ドルが必要だと考えていたからです。

また、給与ベンチマークサイト「emolument.com」による2017年の調査では、イギリスの平均的な20代の労働者は、年間9万3000ポンドを稼いでいれば自分が裕福だと感じると答えています。年齢が上がると、この数字は年収37万ポンドにまで跳ね上がります。

もちろん、これらの数字はその国の物価や生活費に応じて変化します。同じ調査で、インドの労働者は年収が2万5000ポンドあれば自分を裕福と見なすと答えています。

そう、裕福さの基準についての万国共通の答えなどありません。重要なのは、自分にとっての裕福さが何かを明確にし、自分に合った経済的な目標を設定することなのです。

**お金の格言**

**どのくらいのお金があれば満足できるかは、人それぞれである**

Knowing how much money will satisfy you is a very personal decision.

# 実践しよう！

Put it into action

## □資産の目標金額を定める

私は『不思議の国のアリス』に出てくる、「どこへ行きたいかがわからなければ、どの道を選んでも同じこと」というセリフが大好きです。

一生懸命働き、貯金し、投資をすれば、誰でも今より裕福になれるでしょう。しかし、どれくらいの資産をつくればよいかをはっきりと定めているでしょうか？　もしあなたの望みが「働くのをやめる」「世界中を旅行する」「慈善団体に寄付をする」「子供たちに経済的な援助をする」といったことなら、そのためにいくらお金が必要なのかをわかっていますか？

夢のような生活を実現するためにはどれくらいの資産をつくる必要があるのか、大まかでもよいので計算をしておくべきです。これからの人生で、投資、支出、貯蓄にそれぞれどれくらいのお金が必要になるのかを考えてみましょう。

**・支出が必要なものは何でしょう？　たとえば、住宅、子供の学費、医療費、毎年の旅行資金などが挙げられます。**

- 資産運用から1年間に得られる配当収入（労働収入以外の収入）の目標はどれくらいですか？
- これくらいの額があれば十分、という年収の目標を持っていますか？

正確な数字を導けなくても心配ありません。私自身も、はっきりとした目標額を算出するのは簡単ではないと感じています。そこで私は、自分の資産を毎年確実に増やし、資産を取り崩さずに生活できることを大まかな目標にしています。

## □お金の専門家に相談する

自分の将来のお金に関する問題を考える際には、ファイナンシャルプランナー（FP）や独立系ファイナンシャルアドバイザー（IFA）に相談するのがよいでしょう。専門家は、コンピューターのアプリケーションを活用してあなたの経済的な要件を明確にし、残りの人生で必要な資産を計算してくれます。

お金持ちの習慣 4

# 「自分は裕福になるに値する人間である」と信じている

You deserve this

## お金持ちになる人は裕福になれると強く信じ、お金持ちにならない人は最初からあきらめている

「自分が必要なものを世のなかに求めよう。心から必要だと信じていれば、それは与えられる」

必ず成功すると信じていても、どうせ失敗するとあきらめていても、人生はその通りになります。あなたが信じていることは、人生がどの方向に向かっていくかの鍵を握っています。人は、自分が達成すると信じていることを達成するのです。

現状から抜け出す方法を見つけられずに、人生やお金の問題で苦労している人は少なくありません。生きる道は他にもたくさんあるのに、目の前の現実以外を想像できなくなってしまっているのです。また、人は自分に対して一番厳しい批判の目を向けがちです。私

は次のような人たちの話を聞くとき、泣きたいほどつらい思いになります。

- **才能に恵まれていながら、「自分には音楽業界で成功する実力はない」と思い込み、好きでもない仕事をしてつらい毎日を過ごしているミュージシャン**
- **「どうせ自分は出世できない」とあきらめているために、仕事に身が入らない銀行員**

「夢が不可能になる唯一の場所は、自分の頭のなかである」ということわざがあります。

お金持ちになるには、「自分はお金持ちになるに値する」と信じなければなりません。

この自信をつけるために必要なことを学び、実践すれば、富を築く確かな基礎がつくれます。

**お金の格言**

世のなかは、自信のなさに妨げられた、「あと少しで成功できたかもしれない人たち」で溢れている

The world is full of 'almost successful' and 'could have been successful' people, held back by self-doubt.

Put it into action

# 実践しよう！

## □ネガティブな感情を共有する

「お金持ちになりたい」と思っているだけでは十分ではありません。

前の章で見たように、人はお金持ちになることを想像したとき、ポジティブな感情だけではなく、自信喪失や不安、恐れといったネガティブな感情を体験します。こうしたネガティブな感情を放置しておくと次第に大きくなり、あなたの人生を狂わせてしまいかねません。

人に自分の考えを話すことは、こうした心の奥にあるネガティブな感情と向き合うのに役立ちます。信頼できる人に、不安や疑念について心を開いて話してみましょう。

自分の思考のパターンを振り返り、それが合理的かどうかをチェックしてみましょう。誰かに話をすれば、お金持ちになるにあたって不安を持つのはごく自然な反応であると気づくでしょう。あなたはこれまでの生き方を変えて、資産をつくるという大きな目標を目指そうとしているのです。恐れや不安を感じるのは当然です。

## □専門家のサポートを検討する

不安にうまく対処できず、自信が持てずに悩んでいるのなら、認知行動療法（ＣＢＴ）を提供するコーチや心理療法家を探してみましょう。私も長年、自分のコーチングで認知行動療法を用いてきましたが、これはネガティブな感情の原因となる行動や思考のパターンを変えるのにとても効果的です。行動や思考のパターンが変われば、あなたが抱く感情も変化します。この種の心理療法は専門家との一対一での会話を重ねながら行い、短期間で終えることも可能です。

お金持ちの習慣 5

# 目標と計画に基づき行動している

Have clear goals and a plan

## お金持ちになる人は目標と計画に従い、お金持ちにならない人はその場しのぎの行動をする

「大きな成果への道のりは常に、シンプルな目標を設定し、それを具体的な行動計画に落とし込むことから始まる」

富は偶然手に入るものではありません。鍵を握るのは計画です。資産管理会社レッグメイソンの2018年の調査によれば、投資家の77%が具体的な目標を定めて貯蓄や投資に励んでいます。つまり資産を築くには、「やることリスト」を書いて真面目に実行するタイプの人が有利なのです。あなたがそうでなければ、自分を変えていくべきです。

その場の感情や思いつきに任せて行動しているだけでは、資産はつくれません。行き当たりばったりに行動すると、経済的な目標を遠ざける対象や人間関係に時間や労力を費や

してしまうことになるでしょう。あなたが味方にすべきものは、細かな目標と計画です。計画を立てるとは、決断することです。それは、自分の限られた時間や労力を活用するために、意識的な選択をしていくと決めることです。お金持ちになるために必要なことを、ぬかりなく一つひとつ緻密に考えていくことです。

もちろん、予期せぬ幸運に恵まれることはあります。しかし、資産を着実に増やすための計画に従って行動するほうが、幸運をたくさん呼び込めるものなのです。

**お金の格言**

**宝くじの当選者がお金をすぐに使い果たすのは「計画がない」からである**

Financial success can come in a random unplanned way. You might win the lottery, but even a lottery winner needs a plan to stop their wealth disappearing through their fingers.

Put it into action

# 実践しよう！

## □具体的な目標を立てる

自分の経済的な目標について、もう一度考えてみましょう。それらは、「100万ドル貯めたい」「早く仕事を辞めたい」「不動産を所有したい」といった、漠然とした響きのある夢かもしれません。でも、問題はありません。これらは原稿の下書きのようなものだからです。

これらを、「スマート（SMARTの法則）」と呼ばれる目標設定のフレームワークを用いて、詳細で具体的に変えていきましょう。それぞれについて、この法則を当てはめて考えてみます。

- **具体的（Specific）**
- **測定可能（Measurable）**
- **達成可能（Attainable）**
- **現実的（Realistic）**
- **期限付き（Timeframe）**

自分の目標がこの基準に即しているかどうかを確認すれば、漠然とした目標を具体的な計画に変えることができます。

たとえば、「不動産を所有したい」という漠然とした目標は、SMARTの法則を当てはめると、次のように書き換えることができます。

**不動産に関する目標**

- **総額100万ドルの不動産ポートフォリオを構築する。**
- **5年以内に実現する。**
- **小さな賃貸アパートを数件購入する。**
- **エリアは学生街。**
- **銀行の不動産融資を活用する。**
- **自分の預金を手付金にする。**

## □プロジェクト管理のつもりで取り組む

SMARTの法則に従って目標を立てたら、中間目標（1カ月、3カ月単位など）を設定した詳細な計画を作成しましょう。プロジェクト管理で用いられることの多い「ガントチャート」と呼ばれる工程管理表を作成して、タスクや活動の進捗を週単位や月単位で測ると効果的です。

お金持ちの習慣 6

# 甘い儲け話にだまされない

If it's too good to be true …

## お金持ちになる人は甘い誘いには乗らず、お金持ちにならない人は簡単に詐欺にひっかかる

「近道には気をつけよう。結局、袋小路に連れて行かれることになるから」

お金に関していえば、甘い話にはまず間違いなく裏があります。世のなかには、資産を簡単に築ける、魔法の薬も近道もないのです。

現代の忙しい社会では、人々はあらゆる面でせっかちになっています。そのために、「今これに投資すればお金が倍になります」といった甘い勧誘の言葉に負けやすくなっています。世のなかには、この手の詐欺があふれています。

・ねずみ講やマルチ商法には、年間10％や20％もの高額のリターンや利益が得られるとうたうものがある。しかし、この類いの金融商品では、投資した人が得るリターンは、実際には新しく投資した人の出資金でしかない。つまり、実際の投資は行われていない。

・「あなたが最近亡くなった〇〇さんの遺産相続人であることがわかりました。つきましては、遺産相続を進めさせていただきたいと存じます」という名目の電話やメール。これはあなたから手付金や手数料を奪おうとしている悪質な詐欺である。

・金鉱株《きんこうかぶ》やハイテク分野のスタートアップ企業の新発明品への投資など、驚くほどのリターンが期待できると宣伝する投資商品。

どれほど説得力があるように聞こえても、リスクゼロをうたう金融商品や、楽にお金が儲かるという投資話には注意しましょう。売り手は失敗しないと言いますが、失敗する可能性は必ずありますし、その手の話に乗って投資してもまず失敗すると考えるべきです。

**お金の格言**

**甘い言葉には必ず裏がある**

If it sounds too good to be true, it probably is.

Put it into action

# 実践しよう！

## □「どんなときでも欲に目をくらませない」と心に決める

どれだけ必死に経済的な状況を上向かせたいと思っていたとしても、決して怪しげで疑わしい投資話に飛びついてはいけません。人は欲に目がくらむと簡単に理性を失い、「手っ取り早くお金が儲けられる」「確実なリターンが保証されている」といった甘い言葉で頭をいっぱいにしてしまいます。

お金がからむ話では、常に冷静になり、じっくりと考えるようにしましょう。「今すぐ投資しなければならない」というプレッシャーを感じていても、焦りは禁物です。十分に検討しなければなりません。

## □疑問があるときは、プロにアドバイスを求める

投資は、銀行や証券会社など社会的に認められている金融機関を介して行いましょう。見知らぬ人からの電話やスパムメールには絶対に応じてはいけません。「私は今、銀行からあなたに電

話をかけています」と言う人に対しては、いったん通話を切ってその銀行の電話番号にかけ直し、詐欺ではないことを確認しましょう。

世界各国の金融行動監視機構は詐欺を懸念しており、詐欺の予防や被害者支援のためのアドバイスや電話相談を提供するＷｅｂサイトを国民向けに提供しています。怪しげな投資の誘いをする者にお金を渡す前に、こうした公共のサービス機関に電話しましょう。

お金持ちの習慣
7

# お金で幸せは買えないことを知っている

Wealth does not ensure happiness

## お金持ちになる人は価値のあることにお金を使い、お金持ちにならない人は快楽を求め浪費する

「真の富とは、充実した瞬間や経験、人間関係からなる豊かな生活のことだ」

たしかに、お金が増えれば幸福度は上がります。しかし、それが主に当てはまるのは、貧しい状態から裕福になった場合です。

そのことを裏付けるのが、国際的な科学学術誌『ネイチャー』に掲載された、64カ国の170万人を対象にしたパデュー大学による大規模調査の結果です。この研究によれば、年収が約7万5000~9万5000ドルのときに、人々の幸福度はもっとも高まります。

しかしいったん豊かさを手に入れた人は、それ以上年収が上がっても、それと比例して

幸福度が上がるわけではありません。同研究では、被験者の人生に対する満足度や幸福度の上昇は、年収が9万5000ドルを超えると緩やかになり始めます。

この事実を意外に思う人は多いはずです。なぜなら私たちは、「お金持ちは自分たちよりも素晴らしい生活をしているに違いない」という価値観がはびこる世のなかに生きているからです。

年収の上昇が幸福度の増加と正比例しない理由は、少なくとも3つ考えられます。

**・収入が増えると、ストレスも増える。お金が増えれば運用管理が必要になるし、資産を守るためにするべきことも増える。また、豊かになればなるほど、人からこれまでと違った扱い方をされる機会や、お金のことであてにされる機会も増える。**

**・収入が増えると、どうしても他人と自分の豊かさを比べたくなり、羨望や嫉妬といった感情を味わいやすくなる。この見栄の張り合いには、最初からかかわらないほうが得策だ。**

**・何でもほしいものが手に入るようになると、買ったものにすぐ飽きてしまうようになる。高級スポーツカーを買ったり、スキー場を貸し切りにして楽しんだりすれば、一時的には幸せになれる。だが、こうした物質的な豊かさに慣れてしまうと、すぐに幸福度が低下することが様々な研究によって示されている。これは経済学で、「ヘドニック・トレッドミル」**

（豊かになるにつれて期待値が高くなるため、幸福度はたいして上がらなくなる）と呼ばれる現象である。

**お金の格言**

「お金があれば幸せになれる」という考えに違和感を抱くのは当然である。大切なのは、幸福度を上げるためのお金の活かし方を知ることだ

It is OK if you are having trouble believing that money is not the source of happiness.

Put it into action
# 実践しよう！

## □何が自分を幸せにするかを見極める

富を手に入れ、使う前に、自分の人生を充実させるものは何かを見極めておきましょう。例を挙げます。

- ・家族や友人、隣人、同僚など、大切な人と一緒にいる。
- ・困っている人を助ける。
- ・充実した仕事をする。
- ・趣味や娯楽を楽しむ自由な時間を持つ。
- ・お気に入りの場所や環境のなかで時間を過ごす。

## □自分を幸せにするものにお金を使う

豊かで幸せになる秘訣は、資産を増やすと同時に、充実感や喜びを味わえる活動にお金を使うことです。家族との充実した時間、子供の教育費、慈善活動、有意義なキャリア、思い出に残る旅行などに投資することは、あなたの経済的な成長をより価値あるものにしてくれます。

## □富を見せびらかすことが楽しいと感じたら注意する

人よりも経済的に成功していることで「ハイ」な気分になったり、単に周りに見せびらかしたいがために無駄なモノや経験にお金を使ったりするのは好ましくありません。それは自分の本当の幸せのためではなく、自尊心を満たしたいから行動しているのにすぎません。

「人よりもお金をたくさん持っているから」という理由だけで自己満足に浸るのは、虚しく無意味なことです。ディケンズの小説『クリスマス・キャロル』に登場する老いた守銭奴、エベネーザ・スクルージのようにならないようにしましょう。

お金持ちの習慣 8

# 今すぐ、行動する

What are you waiting for?

## お金持ちになる人はためらわずに行動し、お金持ちにならない人は理由をつけて先送りにする

「車を運転するには、まずエンジンをかけて、ハンドブレーキを下ろさなければならない」

資産をつくるには時間がかかります。当然、始めるのが遅くなるほど不利になります。投資の機会を逃し続けたり、経済的目標のための行動を後回しにしたりしがちなのは、あなただけではありません。お金を使うのは誰にとっても楽しいことですが、節約をする計画からはその半分の楽しさも得られないからです。

しかし、行動を先送りにするのは大きな過ちにつながります。経済的な成功を妨げる数ある要因のなかでもおそらく最大のものは、着手に遅れることです。にもかかわらず、私たちは行動し

ないことの言い訳ばかりを口にするのです。

- **生活が逼迫《ひっぱく》していて、毎日を生きるだけで精いっぱいだから。**
- **お金を増やす機会があることがわからない。**
- **長期的な計画を立てる時間がない。**
- **将来を心配するにはまだ若すぎる。**
- **投資の世界に踏み込むのが怖い。**

資産をつくるうえでは、時には何もしないことが正しい場合もあります。しかし通常は、行動が遅れれば、それだけ機会を逃してしまいます。貯金や株取引、不動産購入など、「お金を自分のために働かせて」資産を増やすには、始めるのが早いほど有利なのです。

**お金の格言**

## 資産形成を始めるのが早ければ早いほど、経済的な目標の達成に近づける

The earlier you start building your wealth, the closer you will be to achieving your goal.

# Put it into action 実践しよう！

## □足かせを見つけ出す

「資産形成に本気で取り組むこと」からあなたを遠ざけているものは何でしょう？　普段、自分がどんなふうにお金に関する判断をしているかを振り返ってみましょう。お金を増やすことの妨げになっている、共通した思考や行動のパターンはないでしょうか？　例を挙げましょう。

**・現在のことを脇に置いて将来について考えるのが難しいと感じている。**
**・今の快適な生活を抜け出し、未知の領域に入ることに不安がある。**
**・リスクを避けようとしている。**

## □今でなければ、いつ？

物事を先延ばしにしようと思うときはいつでも、それを正当化するもっともな理由があるように感じるものです。当然ながら、資産をつくろうとすれば何らかのリスクに直面することもあります。ですから、そのリスクを避けようとする気持ちを行動しない理由にしてしまうのです。

しかし本書のアドバイスを読めば、リスクとチャンスのバランスをうまくとりながら、お金に関する判断を適切なタイミングで賢く行えるようになります（それでもまだ行動するのにためらいや不安があったり、頭の中が整理できていなかったりする場合は、専門家や他人の力を借りるなどしてもよいでしょう）。

## □今日から行動する

経済的な目標を実現するための計画を作成する場合や、初めて投資物件を購入するといった大きな行動を取ろうとしている場合は、必要な情報やしなければならないことをまとめたリストをつくりましょう。目標を小さく、簡単に実行できるタスクに分解すると、最初の一歩を踏み出しやすくなります。

お金持ちの習慣 9

# 支出をコントロールしている

Track spending against a forecast

## お金持ちになる人は予算を立て収入と支出を把握し、お金持ちにならない人は自分のお金を管理できない

「予算を立てて支出を管理すれば、自分のお金がどこから来て、どこへ行くのか掴みやすくなる」

支出を完璧に把握するのは簡単ではありません。あなたは複数の支払い方法を使っているのではないでしょうか。クレジットカードでの支払いもあれば、口座引き落としでの支払いもあるでしょう。そのためすべての支出の履歴を一覧表示するのは難しくなります。その結果、自分がどんなふうにお金を使っているかを一目で知る機会を簡単には持てなくなっています。

家計簿もつけず、支出の計画も立てていない人は珍しくはありません。ギャラップの

2013年の調査によれば、家計簿をつけているアメリカ人は全体の32％。それ以外の多くの人は月末の支払いをするのに十分なお金があるかどうかもわかっていないのです。

家計をきちんと管理していない人は、収入以上に支出をしている可能性があります。イギリスの国家統計局によれば、2017年のイギリスの全世帯の支出は、30年ぶりに収入を上回りました。その差は平均900ポンド。ほとんどの家庭は「稼ぐ以上に使っている」という事実にすら気づいていないのではないでしょうか。

毎月の支出を把握していないのは、悪い知らせを聞くのを後回しにしているのと同じことです。当然ながら、家計をきちんと管理していなければ、資産形成を開始する状態にいつまでも立てないのです。

お金の格言

## 支出計画をつくり予算を立てることには、時間をかけるだけの十分な価値がある

Creating a spending plan and forecast is time well spent.

Put it into action
# 実践しよう！

## □キャッシュフローを把握する

あなたは自分のことを数字に強い人間だと思っていないかもしれません。しかし、本書を読み進めている今は、自分を変える大きなチャンスです。お金の流れを把握することは、将来、富を築く基礎になります。キャッシュフロー表を用いて、収入と支出の流れを管理してみましょう。作成法には決まったルールはありません。自分の好きな方法を用いましょう。例を挙げます。

- 紙に手書きする。
- 表計算ソフトを用いる。無料のオンラインテンプレートも利用できる。
- 家計管理アプリを利用する。銀行が提供しているアプリもある。イギリスでは「www.thisismoney.co.uk」、アメリカでは「www.mint.com」などがある。優れたアプリはエクセルの表計算シートを使う要領で支出を入力すれば、月次と年次の合計を作成できる。
- 「Monzo」（イギリス）や「GoBank」（アメリカ）のように、食費、旅行費、衣服費などの分野別にデビットカードやクレジットカードの支出の合計を自動的に作成してくれる銀行のサービ

**スもある。ただしこの場合、現金による支出や他のカードを使用した支出を記録するのを忘れてしまうことがあるので注意すること。**

## □支出や収入の予算を立てる

予算管理ツールでは、将来の収入や支出の予測もできます。収入には、給与、ボーナス、配当金、他の雑収入などがあります。支出には、食費や衣服費、余暇費、水道光熱費、車関連の費用などがあります。

綿密な予算を立てるには、財形貯蓄などへの支出も含め、すべての支出を対象に含めます。予算の作成は、年初または3カ月ごとに行うとよいでしょう。予算を立てると、実際の支出と収入を予測値と比較して、差が生じる理由を理解できるようになります。資産の基盤をつくるには、予算に基づいた収入と支出の管理が欠かせないということを忘れないようにしましょう。

お金持ちの習慣 10

# 無一文からでも、成功を切り開こうとしている

Most millionaires start from nothing

## お金持ちになる人は逆境でも常に前向きで、お金持ちにならない人は問題のことばかり考える

「成功する者は貧困をも糧にして前進できる。野心と意欲を欠く人たちはいつまでも停滞している」

世界最大級の金融サービスグループであるフィデリティ・インベストメンツの世界規模の調査によれば、大金持ちの86％は自分の力で富を築いています。つまり、10人の富豪のうち9人近くが、親から富を相続したわけではなく、何もない状態から一代で大成功を収めたのです。しかも、多くの大金持ちは若い頃に極貧の生活を経験しています。

作家のJ・K・ローリングは世界的なベストセラーとなった『ハリー・ポッター』シリーズを執筆し始めたとき、無一文の状態でした。彼女は2008年にハーバード大学の卒業

式で行った有名なスピーチで、当時の状況の悲惨さを語っています。そのときのローリングは、仕事を失い、お金もなく、路頭に迷う一歩手前だったといいます。

貧乏から抜け出して成功し、富豪になったという話は、世の中の人々が想像しているよりもはるかに一般的です。貯金や給料が少なく落ち込んだときには、そのことを思い出して元気を取り戻しましょう。多くの大金持ちも、経済的な自由を手に入れるまでは、あなたと同じように困難な状況にあったのです。

豊かな家庭に生まれなくても富を築けるのならば、人が裕福になるために必要なものは何なのでしょうか？　あなたがどんな人で、どんなふうに富を築きたいかにもよりますが、心構えや技能、教育、情熱、目的、習慣、考え方、アイデアなどが挙げられるでしょう。

本書には、この問題についてみなさんを刺激する知恵がたくさん詰まっています。ぜひ多くを吸収して資産の形成に役立ててください。

**お金の格言**

## 現在の経済状況にかかわらず、誰にでもお金持ちになる道は開かれている

Anyone, whatever their current financial situation, can become wealthy.

Put it into action

# 実践しよう！

## □「かわいそうな自分」という発想を捨てる

エール大学教授の故ノーレン・ホークセマ博士をはじめとする心理学者は、人が問題の原因を何度も思い出し、「かわいそうな自分」という感情に浸ることを、「反すう」と呼んでいます。この状態にある人は、解決策ではなく、自分に欠けているものばかりに目を向けようとします。長期間にわたってこの「反すう」を繰り返し、自分の置かれた状況についてネガティブな感情を抱くのは、健全なことではありません。ホークセマによれば、それは摂食障害や薬物乱用、うつ病などの気分や行動に関する問題を引き起こすことがあります。

ですから、私たちは自分にないものに目を向けるのをやめて、すべきことに意識を集中させるべきです。なりたいものや創造したいもの、手に入れたいものについて考え、自分を忙しくさせるのです。プロレス界のスーパースター、ドウェイン・〝ザ・ロック〟・ジョンソンはかつてこう述べました。「1995年。俺のポケットのなかには7ドルしかなかった。それでも、俺は2つのことを知っていた。一つは自分が貧乏であること。もう一つは、いつかはこの状態から抜け出せることだ」

## □自分のなかにある「良いもの」探しをする

本書を読んだことで、「かわいそうな私」という考えを手放せる人もいるでしょう。一方で、根本的な理由に対処するために、時間をかけて心理療法に取り組む必要がある人もいるかもしれません。

いずれにしても、まずは自分が持っている「良いもの」を書き出すことから始めてみましょう。あなたが持つ、ポジティブな側面や能力について考えてみるのです。夢や目標、学業、仕事の経験、専門的なスキル、創造性、人間関係、家族との絆など、様々なものに目を向けましょう。

ネガティブなことばかり思い浮かべるのではなく、解決策に意識を向けるべきです。

お金持ちの習慣 11

# 「固い決意」を武器にしている

Determination is your financial superpower

## お金持ちになる人は強い意志で物事をやり遂げ、お金持ちにならない人はすぐに意欲を失う

「意志の力がみなぎっているとき、何もあなたを引き止めることはできない」

決意と意志力は、富を築くための道のりにおいてあなたの最大の味方になります。この2つの力は、他の人が苦労するようなことを成し遂げる能力を与えてくれます。意志力は筋肉と同じです。それは、どの筋肉よりも重要で、力強いものです。意志力を習慣的に発揮できるよう、普段からくりかえし意識的に使い、その力を高めましょう。歯磨きをするようにたやすく決意を固められれば、あなたはどれほど芯の強い、手ごわい人になれるでしょうか。

裕福になれば、ストレスも生じます。研究によれば、人はストレスを感じると、その善し悪しを問わず、長年の習慣に逆戻りしようとします。ですから、正しい習慣を身につけておくことが成功には欠かせないのです。

**お金の格言**

**定期的に意志力を鍛え、できる限りの努力をして揺るがぬ心を磨いていく。その成果は、必ず銀行通帳の残高となって表れる**

Exercise your willpower regularly. Push yourself to your limits to build determination. Your bank balance will thank you.

Put it into action
# 実践しよう！

## □無意識にできるようになるまで繰り返す

何事も、習慣化には時間と努力が必要です。私のリーダーシップ向けのトレーニングでも、クライアントが新しい習慣を身につけるのを重点的に支援しています。意志力を鍛えるのは簡単ではありませんが、次のような方法を用いると効果的に取り組めるようになります。

**・鍛えたい意志力を明確にする。「まず貯金をして、残りのお金を使うようにする」「仕事で与えられた課題を簡単にあきらめない」といった具体的な目標を定め、それに従う。達成したい目標をはっきりと書き出し、実現のために努力する。**

**・自分の行動を観察し、何かがうまくできたときはそれをお祝いする。これは一人で実践してもいいが、信頼できるパートナーと一緒に取り組むのも効果的だ。その人に目標の達成状況を週単位や月単位で報告すれば、あなたの行動には責任が生まれる。**

## □毎日の仕事や小さな成功に意識を集中させる

将来の目標ばかりに目を向けていると、決意が弱まることがあります。未来に意識を向けすぎていると、毎日の生活のなかで自分が課題や問題をどれだけ克服できたかを把握できにくくなり、結果として決意が鈍っていくのです。

逆に、日々の小さな成功を意識するようになると、「私は粘り強く成功できる人だ」というイメージを日常的に抱けるようになります。

私も組織のリーダーにコーチングを行う際には、長期的な目標と短期的な目標（日次、週次、月次）の両方を設定するよう勧めています。

毎週末に、その週に直面した問題点や課題を書き出すようにしましょう。そして、そのときに自分が決意や意志の強さを示した例も挙げてみましょう。どんなに些細なものでも構いません。意識的に目を向けることで、あなたの成長に大きく役立つものになります。

**お金の格言**

自分の成功を認め、祝福すれば、それが大きな力になる

Recognize and celebrate your successes.

お金持ちの習慣
12

# 賢い友人付き合いをしている

Friends can make or break you

**お金持ちになる人は友人からの良い影響を受け、お金持ちにならない人は悪い友人に毒される**

「元気づけ、前進させてくれる友もいれば、悪影響を与え、夢の探究を邪魔する友もいる。友人は、賢く選ばなければならない」

「あなたがどんな人間かは、多くの時間を一緒に過ごしている身近な5人を平均すればわかる」という理論があります。もしあなたが、ビル・ゲイツやリチャード・ブランソン、ジャック・マーなど、世界でもっとも尊敬されている億万長者といつも一緒にいるとしたら、どんな変化が起こると思いますか?

研究によれば、人は付き合う人から著しい影響を受けます。サイコロジカル・サイエンス誌に掲載された2013年の研究によれば、人は意志の強い友人がいるだけで意志が強くなりやすくなります。その人と一緒にいるだけで、意志力が強くなる効果が生じうるのです。その理由は、その相手を無意識に見本としようとするからです。

このように、「人が、ある集団の期待に応えるように行動や思考を調整すること」を、心理学では「社会的影響力」と呼びます。あなたにも、次のようなことが当てはまるのではないでしょうか？

**・同僚と同じような服装をし、食べ物を買う。**
**・家族から馬鹿にされたくないので、「お金持ちになりたい」という夢を隠している。**
**・友人と一緒に過ごすために、本当は好きではないことをして週末を過ごす。**

人間関係を見直し、自分に良い影響を与えている人は誰かをよく考えてみましょう。価値観や考え方、行動が自分と似ている人は誰でしょうか。社会的影響力は、うまく活用すればあなたの資産形成の道のりをサポートする力強い味方になってくれます。

お金の格言

他人の不安や心の狭さ、信念のなさに、自分が目指す道を歩むのを邪魔されてはいけない

Don't allow other people's insecurities, small-mindedness or lack of belief to hold you back from fulfilling your own needs and following your own path.

Put it into action

実践しよう!

## □有害な人とはためらわずに距離を置く

あなたの目標や、より良い人生を追求するための時間、労力、お金の使い方などを揶揄するような人とは、一緒に時間を過ごすべきではありません。

有害な人や嫉妬深い友人、口の悪い同僚、神経質なきょうだいなど、一緒にいてもマイナスなことしかないとわかっている相手とは、表向きは穏やかに接しつつ、距離を置きましょう。一緒にいなければならないという義務感を覚えたり、離れることに罪悪感を味わったりするかもしれ

ません。しかし、「自分が心から望む人生を生きるためには、思い切って人間関係のあり方を見直さなければならない」と考えれば、選択の余地はないことがわかるはずです。

## □自分を支え、信頼してくれる人たちと付き合う

より良い人生を送りたい、経済的な自由を獲得したい、といったあなたの夢に共感し、同じ目標を目指している人たちと積極的に付き合うようにしましょう。

ただしこれは必ずしも、古い人間関係をすべて捨てて、新しい人間関係をつくればいいというわけではありません。大切なのはバランスです。人間関係の新旧を問わず、少しずつ有意義な付き合いを増やしていけばいいのです。それに伴い、あなたが目指していることへの周囲の理解も深まっていき、サポートをしてもらえるようになっていくはずです。

お金持ちの
習慣
13

# 無駄遣いをしない

Stop leaking money

## お金持ちになる人は細かな支出にも目を配り、お金持ちにならない人は財布の紐が常に緩んでいる

「パンクの原因になるタイヤの小さな穴は、すべて見つけ出して塞がなければならない」

あなたの銀行口座から、お金が少しずつ漏れているとしましょう。たいした額ではありませんが、毎日数ドルか数ポンド、減っていくのです。パニックになるようなことではありませんが、「塵《ちり》も積もれば山となる」で、長い年月が経てば大金になります。

これは、実際にあなたの銀行口座で起きていることではないでしょうか? そう、私たちは誰でもお金を浪費しています。どうでもいいことや、使わないものを買うことに、完全な免疫がある人などいないのです。

こうした無駄遣いは、たいていはわずかな金額です。しかし、資産を形成するという大きな目標を目指すとき、こうした無駄な出費を減らすことをおろそかにしてはいけません。「これくらい、たいしたことはないだろう」という感覚が、大きな損失につながってしまうのです。

お気に入りのコーヒーショップの前を通ったときは、その店でコーヒーを買ういつもの習慣が、長い目で見たときにどれくらいの出費になっているかを考えてみましょう。

1日単位で見れば小額でも、1年トータルで考えるとかなりの額になることがわかるはずです。コーヒーを我慢してまとまったお金をつくれば、それはあなたが経済的な目標を達成するために大きく役立つ資金になるかもしれません。

月に2、3回しか利用していないスポーツジムに払っている月会費や、ほとんど目を通していない雑誌の定期購読費なども同じです。

**お金の格言**

**富は、わずかなお金の漏れで流出していく**

Don't let the little leaks drain your wealth away.

Put it into action

# 実践しよう！

## □ぜい肉を落とす

支出を見直しましょう。まず、毎月の口座引き落としの明細をよく確認してみましょう。無駄な支出があれば、それらをカットします。

毎日、自分が何にお金を使っているかに意識的に目を向けてみましょう。不要なものを日常的に買っているのなら、その習慣をやめましょう。不要なサブスクリプションも整理しましょう。

## □モノの棚卸しをする

自分が持っているモノをすべて見直してみましょう。自分の持ち物の半分も把握していない人も多いのではないでしょうか。きっと、売ったり譲ったりできるモノが見つかるはずです。買おうと思っていたモノを、すでに持っていたと気づくこともあるでしょう。

このように持ち物の総点検をすれば、お金の節約になる小さな発見がいくつもあるはずです。

## □衝動買いを抑える

誰でも、衝動買いをしたくなるものです。しかし、それはあまり良い買い物にはならないのが一般的です。

セールが終了しそうになっているときなどは、「今買わないと」というプレッシャーを感じてしまいます。しかし何かに急かされるような気持ちでモノを買っても、結局は「無駄だった」と後悔してしまうケースがほとんどです。たとえば、宣伝文句に釣られて高速インターネットを契約したが、通信速度はほとんど変わらなかったといった経験は多くの人にあるはずです。

銀行系のアプリには、口座の状況を直感的にわかりやすく見せてくれるものがあります。他にも、お金を管理するための便利なアプリがありますので、いろいろと試してみましょう。

この機会に、ぜひあなたの買い物の習慣を見直してみましょう。

お金持ちの習慣
14

# 使う前に貯めている

Save before spending

**お金持ちになる人は収入の一部を確実に貯蓄し、お金持ちにならない人は気分で貯蓄する**

「給料の一部は自動的に貯金し、使うのは残りの額だけにしよう」

あなたは毎月どれくらいのお金を貯めていますか？　残念ながら、十分な貯蓄をしている人はわずかです。それどころか、まったく貯蓄をしていない人がたくさんいます。

金融情報サイト「bankrate.com」の２０１８年の調査によれば、18歳から53歳までのアメリカ人の25％がまったく貯金をしておらず、金融資産も保有していません。他の25％の人も、３カ月分の生活費を賄うだけの貯蓄しかありません。

イギリスでも似たような状況です。スキプトン・ビルディング・ソサエティによる

お金の格言

# 貯蓄は裕福になるための基盤である

Saving is the cornerstone of becoming wealthy.

2018年の調査によれば、成人の4人に1人が貯蓄をしておらず、10人に1人が収入以上の支出をしています。また金融行動庁の2017年の調査によれば、3人に1人の貯金額が2000ポンド未満しかありません。

貯蓄は資産形成の基盤です。貯蓄ができなければ、あなたは決して裕福にはなれないのです。

しかし残念ながら、特に若者にとって、貯金をするのは簡単なことではありません。給料は横ばいで、住宅費や生活費は上昇しており、お金を使わせようとする誘惑は至るところにあります。

それでも、良い知らせがあります。毎月、多額の貯金をする必要はないのです。わずかな額でも貯金を習慣化できれば、お金持ちの考え方は身についていくのです。

早い段階から貯金を始め、毎月わずかでも積み重ねていけば、長期的には大きなお金を貯められます。

Put it into action

# 実践しよう！

## □「貯めるマインド」を身につける

私たちは、貯蓄をする必要性に疑問を持ちたくなることがあります。特に、わずかな額を貯金するために今、我慢をしなければならないとき、そう感じてしまいます。

しかし、本書を最後まで読み、お金に関する考え方を変えることができれば、あなたはきっと貯金をしたくなるでしょう。資産を増やすために何を、どのように、なぜしなければならないのかを理解すると、貯蓄が必要不可欠な理由がよくわかるようになります。経済的な目標を立てるときにも、貯金をする明確な理由を持てるようになるでしょう。

## □給料の一定割合を貯金する

貯金は、たとえ少額でも、まったくしないよりははるかにマシです。今から始めて、貯金を習慣化しましょう。

「月末にお金が余っていたら貯金する」という行き当たりばったりの方法に頼ってはいけません。

給料が支払われたらすぐに、たとえばその10％以上を貯金するようにしてみましょう。給料日の翌日に、別の銀行口座に自動入金されるように設定しておくと便利です。スキプトン・ビルディング・ソサエティの調査によれば、イギリス人の25％が、給料の一部を自動的に別口座に移動させて貯金をするという方法を採用しています。

どれくらいの割合を貯金するのがよいのでしょうか。まずは給料の10％から始めることをお勧めしますが、もちろん、それ以上でもかまいません。

必要な生活費がいくらで、経済的な目標がいくらなのかを知っているのは、自分だけです。給料が少なく、10％は多すぎると思う人は、5％から始めてみましょう。給料が多い人は、貯金の割合を高めてもいいでしょう（そうすべきです）。

## □昇給額やボーナスはすべて貯金する

運良くボーナスをもらえる人は、できれば全額を貯金することを検討しましょう。また、節税効果のある年金制度などを利用するための資金にしてもいいでしょう。たとえばアメリカの場合は、401（k）への拠出金を増やせます。

お金持ちの習慣
15

# 孤独な道のりを歩む覚悟をしている

Be ready for a lonely journey

## お金持ちになる人は周りに流されずに成功を目指し、お金持ちにならない人は人付き合いで自分をすり減らす

「成功への道は孤独なものだ。懸命に働かなければならないし、誤解されることもある。自分を殺して他人のために時間を費やさなければならないこともある。だから、こうした試練を乗り越える覚悟が必要だ」

どんな種類の成功でも、達成するのは大変なことです。人一倍努力しなければなりませんし、人付き合いも減らさなければなりません。周りから誤解されることもあれば、孤独を感じることもあります。今はまだこれらとは無縁の人も、これからお金持ちになるための道のりを歩んでいくうえで、きっとこうした体験をしていくはずです。

周りの人は、あなたの経済的な目標や、その達成のために必要なことをうまく理解でき

ないのかもしれません。あなたが以前よりもお金を慎重に使うようになったり、付き合いが悪くなったりしたと感じている人もいるでしょう。

富を築くための道のりの途中で、あなたの考えを理解できない人たちが離れていくこともあるかもしれません。あるいは、嫉妬深く、否定的な意見や言葉を使い目標を追い求める人をサポートしない人たちに対し、あなたのほうから距離を置くこともあるでしょう。

お金持ちになるという道のりを歩むうえで、あなたは何度か挫折を味わうでしょう。たとえば、市場の動きによって、保有する株の価値が下落することは十分にありえます。そのとき、あなたは孤独を感じるでしょう。むしろ、自分から「一人にさせてくれ」と思うかもしれません。

**お金の格言**

## 富を築くには、時間とエネルギー、そして集中が必要である

Creating wealth takes time, energy and focus.

Put it into action

# 実践しよう！

## □変えたくないことを受け入れる

この孤独な道を進むかどうかは、すべてあなたの決断次第です。そのためには、捨てなければならないものもあります。そのバランスを見つけられるのは、あなたしかいません。

本書の大きなメッセージの一つは、「富を築くには集中する対象を絞り込み、そこに時間とエネルギーを投資していくことが必要だ」というものです。お金持ちになるために投じる時間とエネルギーは、当然、他のことにも使えます。何に集中するかは、あなたが決めることです。

## □愛する人や、大切な人を失ってはいけない

本書ではすでに、お金は必ずしも幸福をもたらさないことを見てきました。経済的な成功を追い求めようとして、大切な人との人間関係を壊すべきではありません。そのことを忘れないようにしましょう。

## □理解しようとし、理解されようとする

人々に手を差し伸べ、相手が自分に対してどんな感情を抱いているかを理解しようとしましょう。あなたが経済的な夢を追いかけることで、「冷たい態度をとられている」と感じる人もいれば、「私から離れていってしまった」と感じる人もいるかもしれません。

そんなときは、あなたがまだ相手のそばにいること、相手を大切に思っていることを伝えましょう。同時に、人生の優先順位を変えたことも理解してもらうように努めましょう。自由な時間が減り、（皮肉にも資産をつくるために）自由に使えるお金が減ったことを伝えるのです。

## □自分はまったくの孤独ではないことを思い出す

成功者にはその右腕となる人物がいるものです。ウォーレン・バフェットにチャーリー・マンガーが、スティーブ・ジョブズにスティーブ・ウォズニアックが、ラリー・ペイジにセルゲイ・ブリンがいたように、あなたも夢を追いかけるうえでの良き相棒となる人にめぐり会えるかもしれません。ただし、このように誰かとコンビを組む方法は、うまくいく人とそうでない人がいるので気をつけましょう。

お金持ちの
習慣
16

# 「売り上手」である

Master the art of selling

## お金持ちになる人は「セールス力」が高く、お金持ちにならない人は売り込みが下手で好機を逃す

「私たちは他人に何かを売ることに人生の大半を費やしている。つまり、自分のアイデアや意見、見解など、価値のあるものを売っているのだ」

経済的に成功した人々はたいてい、セールスの技量が優れています。話に説得力があり、人を動かす影響力があるのです。こうしたスキルは、相手に自分の考えを理解させ、経済的な成功への道のりで直面する問題を克服するのに不可欠です。営業スキルを磨くことは、様々な場面で役立ちます。例を挙げます。

**・自分が昇進に値すると上司に示す。**
**・自分の仕事に見合う給料を支払うように上司と交渉する。**
**・周りの人からサポートが得られるようにビジネスアイデアを提示する。**
**・自分の夢の価値を語り、その実現を一緒にサポートしてくれる人を募る。**
**・起業したスタートアップ企業の新規顧客を獲得する。**
**・プライベートバンクなどの富裕層向け金融機関の顧客として自分を売り込む。**
**・自分のスタートアップ企業に投資する投資家や株主を惹きつける。**
**・「経済的な目標の達成のために必要なことを実行する」と自分を納得させる。**

もちろん、誰もがスティーブ・ジョブズのように上手にプレゼンテーションができるわけではありません。しかし幸い、優れたセールススキルを得るために、自信満々の外向的な性格である必要はありません。物静かで内向的な人でも、セールスの場面では良い仕事ができます。相手と良好な関係を築くうえで、内向的な性格が効果的なことがあります。

ビル・ゲイツやマーク・ザッカーバーグ、ジャック・マーなど、現代の有名な億万長者の多くも、外向的な性格ではありません。彼らが成功したのは、黙っていても売れる商品をつくり、必要なときには発言し、周りの人を説得して助けを求めたからなのです。

お金の格言

何かを売り込むときに重要なのは、自分自身を受け入れ、理解することである

The important thing is to accept that you are unique and to try to understand yourself.

Put it into action

# 実践しよう！

## □コミュニケーションスキルを磨く

売ることにおいて何より大切なのはコミュニケーションです。コミュニケーション能力を高めて損をすることはありません。

重要なコミュニケーションスキルの一つである、「アクティブリスニング」は、簡単に練習できます。これは、相手の発言や感情にあなたが積極的に耳を傾けていることを意識的に示すコミュニケーション方法です。

## □誠実であり続ける

銀行の上役や投資家、従業員候補者など、あなたが説得を試みている相手は、あなたが素晴らしいセールスパーソンであることよりも、誠実であることを期待しています。

私たちは、相手の話に耳を傾け、気を配り、信念と情熱を持って何かに取り組む人に、自然と惹かれ、一緒に仕事をしたいと思うものなのです。

## □他人の立場で考える

誰かを説得したいときは、いきなりセールスモードに入ってはいけません。まず、相手の視点から物事を見てみましょう。その人はどんな助けを求めているでしょうか？　どんな問題や課題に直面しているでしょうか？　相手のために価値を創造するにはどうすればよいでしょうか？

たとえば銀行に融資を依頼する前に、まずは相手の立場になってみることから始めましょう。「銀行の担当者が私に融資をしてくれるとしたら、それはなぜか？　私を信頼する理由は何か？　相手が私に対して浮かべる懸念を解決するにはどうすればよいだろう？」と考えるのです。

## □実践的な営業経験を積む

あなたがキャリアをスタートしたばかりで、将来お金持ちになるためにどの道を選べばいいのか迷っているなら、まず営業職に就くことを検討してみてはいかがでしょうか。営業の仕事は、相手を説得し、動かすうえで直面する様々な問題への対処方法を学ぶ絶好の機会になります。営業職は、相手から拒絶される経験をする機会も多く、それはどんな状況でも前進し続けるために必要な忍耐力を身につけるうえでも役立ちます。

お金持ちの習慣
17

# 負債についての見識がある

Form your own view of debt

## お金持ちになる人は借金の意味や仕組みを熟知し、お金持ちにならない人は負債の怖さを知らない

「借金を敵のように見なす人がいる一方で、クレジットカードや消費者金融（給料日）ローンなどを何の抵抗もなく利用する人がいるのは驚きだ」

借金を背負うことに対して、強い抵抗を覚える人がいます。私が若い頃も、周りの人が借金をしたり、支払いを延滞したりするのは、本当に経済的に困窮したときだけでした。当時は、どうしても必要なもの以外のためにローンを組む人はめったにいませんでした。

しかし、現代はもうそんな時代ではありません。最近では、借金をすることはライフスタイルの選択であり、メディアでも常に、様々なローンが宣伝されています。これらの広

告は、次のようなことが可能だとうたっています。

- **今買って、後で支払う。**
- **12カ月の無利息ローン。**
- **無料のプレゼントと引き換えに新規のクレジットカードを申し込む。**
- **クリスマスシーズンにお金を借りて、七面鳥とプレゼントを買う。**
- **給料日前にローンを組んで数日分の支払いに充てる。**

イギリスの価格比較サイトの2017年の調査によれば、平均的なイギリスの世帯は、住宅ローンを除く消費者負債（クレジットカード、自動車ローン、消費者金融ローンなど）を平均して合計8000ポンドも負っています。アメリカでも状況は同様です。信用情報機関「experian.com」の2018年の調査では、クレジットカードの平均債務だけで一人当たり4293ドルに達しています。

あなたは、負債をどのようにとらえていますか？　借金という言葉を聞くと、落ち着かない気持ちになりますか？　この問いには、正解や不正解はありません。ただし、自分が負債についてどのような考えや感情を抱いているかを理解しておくことはとても重要です。

お金の格言

# 負債をどうとらえるかが、富を築くための道のりで大きな鍵を握っている

Debt has a role to play in wealth creation, as you will see.

## 実践しよう！

Put it into action

後の章では、負債を管理・削減する方法について説明します。これにより、あなたは今後、負債を負うときにそれを賢い選択として利用できるようになります。

この章ではまず、負債の種類や、それに伴うコストを理解するところから始めましょう。

負債とは何でしょうか？

単純に考えると、負債とは、様々な貸し手からあなたが借りたお金のことです。負債を貸し手に返す義務のことを、債務と言います。債務には、担保付きのものと無担保のものがあります。

**・担保付債務は、借り手の資産（家や車など）と紐付けられている。この資産は債務を保証また**

**は担保するものになる。ローンの返済に失敗すると、貸し手は担保となっていた借り手の資産を受けとれる。**

**・無担保債務とは、クレジットカードでの借り入れなど、借り手の資産とは紐付けられていない債務のこと。これは、担保付債務に比べて金利が高くなる。貸し手は返済されなかった場合も借り手の資産を担保にできず、リスクを負っているからである。**

資産形成を目指すためには、高金利の消費者金融ローンやクレジットカードから固定金利の住宅ローンに至る様々な種類の負債について、それぞれの金利や手数料、罰則、期限、規則などの詳細を、できるだけ理解しておく必要があります。

新しく借り入れをするときは、十分に調査検討する時間をつくり、できれば独立系ファイナンシャルアドバイザー（ＩＦＡ）などの金融の専門家に相談してください。

## □情報に基づいて判断する

負債についての知識が深まったら、時間をかけて過去の負債を振り返りましょう。これまでにいつ、どのように借り入れをしたかを確認します。「負債についての知恵」を磨き、負債を負うことの意味について、専門的な見地から自分なりの考えを持てるようにしましょう。

このようなしっかりとした考えを持てるようになれば、「お金を借りて太陽の下で休暇を過ごそう！」というローン会社の広告の誘惑にも負けなくなるでしょう。

お金持ちの習慣 18

# 仕事で特筆すべき成果をあげている

Be a remarkable employee

## お金持ちになる人は今の仕事にも全力を尽くし、お金持ちにならない人は手を抜く

「職場で評価されたいのなら、もらっている給料よりも多くの価値を生み出すことだ」

大金持ちになりたいなら、今の仕事を簡単に辞めるべきではありません。現在の職で、世界一の給料がもらえているわけではないでしょう。それでも、その職場は今のあなたがいる場所であり、この先もしばらくはい続ける場所なのです。

仕事は、富を築くための貴重な訓練の場です。毎日、成功者のマインドで出勤し、真剣に仕事に取り組みましょう。

今の職場で、なくてはならない存在になることを目指しましょう。昇給やボーナス、昇

進などの面で最高レベルの評価を受ける、スター従業員になることを目標にします。今の仕事を通じて、周りの人を刺激し、感動を与え、常に目標と期待値を上回るパフォーマンスを発揮することを習慣にしましょう。これらはあなたがお金持ちになるうえで、将来的に必要となる習慣です。

今の仕事では大金持ちにはなれないかもしれません。それでも、その仕事を通してスキルを高め、十分に評価され、適切な報酬を得ることを目指すべきです。

もし、そのような態度で現在の仕事に向き合わなかったらどうなるでしょう？「どうせいつかは辞めるのだから」という投げやりな気持ちになり、仕事に身が入らず、適当に働いてしまうのではないでしょうか。

たしかに、気楽に働くことにもメリットはあります。ストレスは減るでしょうし、時間にも余裕ができ、他のことに興味を持てるでしょう。しかし、そのような無責任な気持ちで働いていると、怠惰な生き方が身についてしまいます。それは、お金持ちが持つべき心構えとは正反対のものなのです。

お金の格言

人生では何かに取り組むときは、「できる限り努力をする」という心構えが大切だ

If you're going to do anything in life, give it everything. Go the extra mile.

Put it into action

# 実践しよう！

## □目の前の仕事に全力で取り組む

私はトップリーダーに対してコーチングをしていますが、彼らのなかにさえ、「仕事にもっと精を出すべきです」というアドバイスが必要な人たちがいます。以下に、あなたが仕事で心がけるべきことをいくつかリストにします。

・**遅刻したりサボったりしない**――出勤時間に遅れたり、昼休みに長時間のランチをして時間内

にオフィスに戻らなかったりすることがないようにする。副業をするために会社をずる休みしたりしないように。

・**集中して仕事をする**――勤務中に、デスクのパソコンを使って個人的な株取引や不動産売買などをしてはいけない。

・**100%以上の力で取り組む**――その職場で働く最後の日まで、勤務時間には全力で仕事に取り組むこと。手抜きをしてもいいという考えを持つべきではない。

・**魅力的な存在になる**――同僚を惹きつけるような人になる。相手に興味を持ってもらえるような言動をし、話し合いでは生産的な発言をし、困っている同僚がいれば手を差し伸べる。

・**定時に帰る**――全力で仕事をしていても、定時で帰ることはできる。毎日深夜まで仕事をする必要はない。いったんオフィスを出たら、副業や資産運用、新しいスキルの習得など、自分の事業やお金を稼ぐためのアイデアに集中しよう。

## □昇給の交渉をする

全力で仕事に取り組んでいるのなら、思い切って給料を上げてもらうように交渉してみてもいいでしょう。本書の後の章では、上司に昇給を相談するときの効果的な方法を説明します。

お金持ちの習慣
19

# 現金を賢く使っている

Be careful with cash

## お金持ちになる人は現金の強みを理解していて、お金持ちにならない人はただ現金を持ち続ける

「銀行預金だけで富を築いた大金持ちはいない」

「現金は王様（キャッシュ・イズ・キング）」という言葉があります。たしかに、ある意味で現金は最強です。しかし、この王様は必ずしも裕福だとは限りません。20年前なら、銀行にお金を預けておけば、年間5％もの高金利のおかげで預金はどんどん増えていきました。何もしなくても、それだけでお金持ちへの階段を上ることができたのです（ただし厳密には、物価もそれに合わせて高騰していたため、銀行の残高が増えた分だけたくさんモノが買えるようになったわけではありません）。

しかし、現在では事情が異なります。預金金利はとても低く、ゼロに近いこともあります。銀行に預けているお金は、置き忘れた荷物のようなものです。つまり、手元に戻ってきたとき、置き忘れたときの状態とまったく変わっていないというわけです。

たしかに現在は物価上昇率も低いかもしれませんが、わずかな利息しか得られないのであれば、それによる恩恵もほとんど受けられません。

リターンが低くても、お金を現金で持っていることは、投資で損をするリスクに比べれば安全だと思うかもしれません。実際、それが当てはまる場合もあります。ただし、現金には問題があります。それは、ただ現金を持っているだけでは、決して大金持ちにはなれないということです。現金は、その場では回転しているが、決して前進することはないコマのようなものです。

それに対し、リスクとは報酬です。リスクが高ければ高いほど、大きな報酬が得られる可能性も高くなります。

**お金の格言**

物事が計画通りにいかないときに備え準備をしておくことが重要だ。1回の失敗ですべてを失ってしまわないように、リスクに柔軟な対処ができる仕組みを構築せよ

The important thing is to be ready for when things don't go to plan, and to have a structured approach to risk so that one setback doesn't sink you.

Put it into action

## 実践しよう！

### □現金をどれくらい保有すべきか？

どのくらいの現金を保有するかは、とても個人的な問題です。ですから、私はあなたの代わりに金額を答えることはできません。それでも、私は長年の経験を通じて、次のような原則を学びました。

**・もし今、現金の有意義かつ生産的な使い道があるのなら、それを実行する。そうでない場合は、普通預金口座に貯金し、使うべきときに引き出す。**

**・総資産を増やしたいのなら、資産を現金で保有するのは良くない選択である。総資産を増やす必要がないのなら、銀行に預けるのは理想的な選択肢になりうる。**

**・リスクを嫌う人は、投資に資金をすべてつぎ込むのはストレスが大きすぎると感じるかもしれない。その場合、ある程度は現金で保有しておくことが望ましい。**

**・「万が一に備える」という言葉は、真実を表している。ありふれたアドバイスだが、緊急時のためにある程度のお金は現金で持っていたほうがよい。**

**・借金をするより、現金を使ったほうが賢明な場合が多い。新車を買うとき、現金があるのにローンを組む必要はあるだろうか？**

現金をどう扱うかについては、お金がない人にとっては裕福な人だけの問題のように思えるかもしれません。しかし、それは正しくありません。本書のアドバイスは、どのような経済状態の人にとっても、お金を増やすのに役立ちます。この本に書いてあることを実践すれば、毎月の支払いに追われる状態を抜け出し、自由に管理できるお金を持てるようになるはずです。頑張りましょう！

お金持ちの習慣 20

# 人並み以上の努力をしている

Roll up your sleeves

**お金持ちになる人は目標に向けて勤勉に努力し、お金持ちにならない人は怠惰な毎日を過ごす**

「経済的な成功を追い求めようとしない人が多いのは、その実現のためにとてつもない努力が必要だと思われているからだ」

「週に4時間だけ働いて、あとは自由な時間を満喫する」といった生き方を主張する本が、ベストセラーになったことがあります。たしかにこのようなライフスタイルを送ることができれば素晴らしいでしょう。

しかし、実際には多くの百万長者や億万長者の経歴は、成功のためには努力と時間が必要だということを物語っています。NBAダラス・マーベリックスのオーナーとして知られる実業家のマーク・キューバンは7年間も休みをとらず、毎日夜遅くまで働いていました。電気自動車企業テスラの共同創設者として知られるイーロン・マスクも、週に80時間から100時間働くと語っています。

研究結果も、富裕層の勤勉さを示しています。プリンストン大学の社会学教授ダルトン・コンリーは、所得の高い人は低い人よりも長時間働いていることを明らかにしました。ノーベル経済学賞を受賞した行動経済学者のダニエル・カーネマンの研究は、お金持ちの人は楽しみや喜びのための活動をする時間が他の人に比べて少ないと結論づけています。

もちろん、あなたはこうしたお金持ちの真似をしようとして燃え尽きるまで働く必要はありません。裕福になろうとして、ワークライフバランスを崩すべきではないのです。それでも、もしあなたが一般的な労働時間である週40時間の倍の80時間働けば、他人が成し遂げるのに丸1年かかる仕事を半年で達成できるのも事実です。

これは、人生で何を選び、優先させるかの問題です。あなたにとって、人生の様々な目標を達成することはどれほど重要なことでしょうか？　気楽にリラックスして過ごすことはどれほど重要なことでしょうか？　ほとんどの人は、気楽なことを望みすぎているのではないでしょうか。

お金の格言

富裕層はビーチで優雅にカクテルを飲み、日光浴をしているよりも、デスクでコンピューターに向かい、仕事の電話をしていることのほうが多い

The wealthy are more likely to be behind their desks, on their computer or phone, than drinking cocktails or sun-bathing on the beach.

Put it into action

## 実践しよう！

### □目標に優先順位をつける

自分の時間をどう使うか、人生と経済的な様々な目標のなかでどれを優先させるかを決めるのは、あなた自身です。

本書をここまで読み進めてきたあなたは、富が自分にとって何を意味するのかをよく考えられるようになっているはずです。

何事も、どのくらいの努力が必要になるかは、実際に始めてみないと正確には見積もれません。たとえば私もこの本の執筆にどれくらい時間がかかるかは、最初の数ページを書き終えてからでないと予測できませんでした。

## □長期的なメリットのために短期的な苦しみに耐える

お金持ちになるためには、短期的に犠牲を払わなければならない場合があります。つまり、他の活動をするのを我慢する必要が生じることがあります。早起きして仕事や勉強をしなければならないこともあります。ネットフリックスの番組を観たり友人と会ったりする時間を減らさなければならないこともあります。

同時に、バランスもとりましょう。忙しい最中でも、定期的な運動に励みましょう。日曜日はオフにしましょう。これについては後の章で詳しく説明します。

## □有意義な目標に向けて活動する

長時間ストレスなく働く秘訣は、目的と意味があるものに取り組むことです。心理学者のミハイ・チクセントミハイは、これを「フロー」の状態にあると呼んでいます。これは、好きなことに熱中し、その対象と一体となったような感覚を意味しています。このフローの状態に入れば、あらゆることを楽に行えるようになります。

お金持ちの習慣
21

# 都合の悪い現実から目を背けない

Facts are friendly

**お金持ちになる人は冷静に事実を見つめ、お金持ちにならない人は見たいものしか見ない**

「現実を見よ――それはあなたが思っているようなものでも、そうあってほしいものでもない」

真実に目を向けることは簡単ではありません。特に、それが自分にとって望ましいものでない場合はなおさらです。そんなとき、私たちは現実から目をそむけ、耳を塞ごうとします。しかし、見たくないものを避けていても、目指す場所には辿り着けません。

私たちは、投資をするときに現実を無視しがちです。私も様々な例を見てきました。

**・隣に高層の集合住宅が建設される予定を知りつつ住宅を購入する。これではせっかくの**

**眺望が台無しになり、資産価値も落ちてしまう。**

**・過去に何度も事業に失敗している友人が起業したＩＴ系のベンチャー企業に投資する。このベンチャー企業が倒産しても何の不思議もない。**

**・十分な時間がないと知っていながら、副業を始める。副業が失敗し、本業の業績が悪化しても驚くべきことではない。**

**・素晴らしいビジネスのアイデアを思いついたつもりになり、周囲の反対を押し切って実現させようとする。実際にはそのアイデアは特に革新的ではなく、投資家にとって魅力的なものでもないのに、本人だけがその事実に目を向けようとしない。**

どれだけ無視しようとしてみても、事実は消えません。経済的な成功の秘訣は、現実に目を背けてしまう自分の悪い癖を自覚し、間違いを犯す前によく考えることです。

**お金の格言**

## 「不都合な真実」を無視して投資をすれば、強烈なしっぺ返しを食らうことになる

If you've invested money ignoring inconvenient truths, the facts will come back and bite you.

Put it into action

# 実践しよう!

## □自分の判断基準を自覚する

お金持ちになるためには、その過程で数え切れないほどの決定をしなければなりません。何かを決めるときには、事実や真実を客観的にとらえ、自分の考えや感情と区別して、よく考えなければなりません。その判断の一つひとつが、あなたの資産の総額に影響を与えていきます。

心理学は、人間が「認知の歪み」と呼ばれる非合理な思考パターンに強く影響されていることを明らかにしました。自分の大切な時間やお金に関する判断をする際に、こうしたパターンに陥っていないかよく注意しましょう。

・**埋没費用の誤びゅう**――投資に費やした時間やお金（埋没費用／サンクコスト）を気にするあまり合理的な判断ができなくなり、投資を継続させてしまうこと。

・**選択的受容**――人間の五感には、自分が求めるものだけを感じようとする特性があること。そのため人は、ある部分ばかりに気をとられて、全体を見逃すことが多い。有名な例として頻繁に挙げられるのが、被験者が「何人かがバスケットボールをパスする動画を見て、パスの合計回数を数えよ」と指示を出されたときに、画面に登場するゴリラに気づかない場合が多いことを明らかにした実験だ。YouTubeでも、「basketball and gorilla」で検索するとその動画を見られるので、興味のある人は見てみてほしい。

・**アンカリング**――人間は、最初に提示された情報や意見、事実に引きずられてその後の判断をしてしまう傾向があること。たとえば交渉時に最初に高額を提示され、次にそれより低い額を提示されると、その低い額が相場より高くても、割安に感じてしまう。このように判断が狂わされてしまうため、気をつけなければならない。

・**確証バイアス**――自分が信じたいと思っていることの正しさを確認するデータだけを見ようとすること。

特にお金に関して何かを決めるときは、このようなバイアスとそれが自分に及ぼす影響に気をつけましょう。現実や事実を無視していては、裕福にはなれません。

お金持ちの習慣 22

# 人の良いところだけを真似している

Be yourself

**お金持ちになる人は他人の良いところから学び、お金持ちにならない人はただ誰かの真似をする**

「自分らしさを大切にしよう。他人のもの真似をすべきではない。誰かと同じ人間になろうとしても、結局はまがいものにしかなれない」

お金持ちを手本にして、その習慣や態度、思考を研究しようとするのは良いことです。誰かが富を築いた戦略や、成功したビジネスモデルから学ぶことはたくさんあります。成功して資産を手に入れた人の自伝を読めば、参考になる考え方やヒント、手段などがいくつも見つかるはずです。

ただし、闇雲に真似をすればいいのではありません。誰かにとっての最高の方法も、あなたにとっては最悪なものにだってなり得ます。

たとえば、ツイッターの共同創設者で億万長者のジャック・ドーシーは、毎朝5時に起きて30分間瞑想し、その後に十分な運動をしてから1日を始めるというルーチンに従って生活しています。あなたがまったく同じことをすれば、ドーシーのように経済的に成功できるのでしょうか？　無理に早起きをしても、昼間に眠くなってしまうだけで生産性がまったく上がらないという人だっているはずです。

それでも、「日課を定め、毎日それに従って行動する」というドーシーの考えの大枠はあなたにとって役立つものになるかもしれません。

つまり、大切なのは何も考えずに誰かの方法を真似しようとするのではなく、試行錯誤しながら自分に合うものを取り入れていくことなのです。お金持ちの行動や思考を学び、「これは自分にも実践できるかもしれない」と思うものを選んで試していきましょう。

お金の格言

手本にしたいお金持ちの習慣を
実験的に取り入れ、試行錯誤しながら
自分に合ったものを見つける

Be willing to adopt, experiment with and practise their habits, and through trial and error, you will find things that work for you.

Put it into action

# 実践しよう！

## □「自分に合った方法か？」と自問する

経済的に成功した人が、その実現のために何らかの効果的なことを実践してきたのは間違いありません。成功者から学び、そのパターンや仕組みを理解することをこれからのあなたの人生の習慣にしていきましょう。

それと同じくらい大切なのは、「ある成功者にとっては効果的でも、自分にはふさわしくないもの」を見極めることです。

たとえば、デイトレードで大金を稼いでいる人はたくさんいますが、だからといってあなたがそれを真似る必要はありません。もちろん、あなたにもデイトレードで成功する可能性はあります。しかし、人の真似をする前に、まず「自分は本当に、パソコンを使って毎日何時間も株式や債券を取引したいのだろうか？」とじっくり考えてみることが重要なのです。

## □我が道を歩む

裕福になるということは、あなた自身の方法でそれをつかみとるということです。誰かとまったく同じことをすればいいわけではありません。様々な方法を試し、自分に向いているものを見つけ、好きなアイデアを取り入れ、自分に合った習慣を築いていきましょう。それを続けるうちに、最終的に自分が求めていることや置かれている状況に合った、最適な行動や思考、習慣がつくりあげられるのです。

お金持ちの習慣
23

# 評判を大切にしている

Your reputation is everything

**お金持ちになる人は「自分というブランド」の価値を知っていて、お金持ちにならない人は簡単に評判を落とす**

「24時間、人から見られても恥ずかしくない行動を心がけよう」

あなたの評判は、あなたの「ブランド」です。そのブランドは、他人があなたをどう見ているか、人柄をどう評価しているかで決まります。評判が悪ければ、良い仕事を続けたり、スタートアップ企業を成功に導いたり、投資家を惹きつけたりすることはまず不可能です。

スポーツ界の世界的なスーパースターも、評判を落とすようなことをして失敗しています。たとえばゴルファーのタイガー・ウッズは不倫スキャンダルで、自転車選手のランス・アームストロングはドーピング問題で、スポンサーを失いました。ビジネス界のリーダーも、ＳＮＳへの不用意な投稿やインサイダー取引などによって、辞任に追い込まれることが珍しくありません。

富を築くには、他者とのつながりや協力が欠かせません。あなたのブランドの評判が良ければ、上の立場の人々からも認められやすくなります。また、銀行からの融資や、ベンチャーキャピタルからの起業資金や専門知識の提供なども得やすくなるでしょう。

周りの人は、「評判の良い人を支援すれば、自分の評判も高まる」と知っています。逆に、もしあなたが評判を落とすようなことをすれば、周りの人たちの評判にも悪影響が生じます。誰もそれを望んでいません。ですから、あなたが信頼を高めるほど、人々からサポートしてもらえるようになるのです。

**お金の格言**

**評判を上げるには何年もかかるが、失うのは一瞬である**

It takes many years to build up your reputation and one moment to ruin it.

Put it into action

# 実践しよう！

## □自分というブランドを守る

常日頃から言葉や行動に気を配り、評判が損なわれないようにしましょう。

・メールやテキストメッセージ、ツイートを送信する前には、一呼吸置いて内容を確認する。言いたいことは正確に伝わるか？　誤解される可能性はないか？

・何気ない発言をする前に考える。その発言が、傲慢、差別的、誰かに対するいじめ、などと誤解される可能性はないだろうか？

・約束をする前に自問する。相手の期待に応えられる自信はあるか？

・正直であること。人間は誰でも嘘をつく。研究によれば、私たちは毎日大小様々な嘘を何十回もついている。常に本当のことを話すように心がければ、評判は高まっていく。

## □間違いは認める

ブランドを大切にすると言っても、完璧な人間である必要はありません。自分の間違いや弱点は素直に認めることが、逆にあなたの評判を高めるのです。起業に失敗した経験や、仕事上の役割をうまくこなせなかった経験などの失敗を隠すべきではありません。また、わからないのに知っているふりをするのもよくありません。

お金持ちの習慣 24

# 賢くレバレッジを効かせている

Leverage your money wisely

## お金持ちになる人は巧みにレバレッジをかけ、お金持ちにならない人は欲張りすぎて財産を失う

「レバレッジが効いていると、小さなものが大きくなる。小さな丘が、雄大な山に変わることもある」

自己資金だけに頼って一攫千金を狙うのはとても難しいことです。そのため、投資家は金融機関から借りたお金を元手にして株式や不動産、事業などの資産を購入するという方法を一般的に用います。こうした借り入れの方法は、「てこの原理」を活かすという意味の「レバレッジ」と呼ばれています。

レバレッジをうまく活用すれば、投資資金を増やせるだけではなく、投資に対するリターンの割合も増やせます。不動産投資の例を用いて、このことを説明しましょう。

**・あなたは、自己資金2万ドルを使用して20万ドルの住宅を購入します。不足分の18万ドルは、住宅ローンから借り入れます。**

**・1年後、物件の市場価格が10％上昇し、22万ドルになったので、売却することにしました。内訳は次のようになります。**

物件の売却収入　22万ドル
銀行への返済額　△18万ドル
売却益　　　　　4万ドル

この結果、自己資金2万ドルに対して100％のリターンが得られました（投資した2万ドルを取り戻し、さらに2万ドルの利益を手にした）。

これがレバレッジの魅力です。もし物件価格の20万ドル全額を自己資金で購入していたとしたら、リターンは10％しか得られないことになります（投資20万ドル、利益2万ドル）。

この例では説明を単純にするために、手数料などの諸経費は無視しました。それでも、要点はわかっていただけたと思います。借り入れをして投資資金にすれば、自己資金のみを投資する場合に比べてリターンの割合を増やせるのです。

レバレッジは、他のタイプの投資にも用いることができます。金融市場では、少額の自己資金や取引資本（証拠金）を使用して、多くの株式を購入できます（大きなポジションを取引できると言います）。

お金の格言

資金にどれだけレバレッジをかけるかの判断は、熟考と実践によって培わなければならない

Knowing how much to leverage your money takes careful thinking and practice.

## 実践しよう！

Put it into action

### □ 欲張って過度のレバレッジをかけない

レバレッジがうまくいくと、ものすごい効果を発揮します。株や不動産などの資産の価格が上昇しているときにレバレッジを活用すれば、資本の少ない投資家でも先行投資に比べて大きな利

益を得ることができます。

ですから、お金を借りて不動産のオーナーになったり、金融市場のトレーダーになったりしようとする人が後を絶たないのも無理はありません。実際、世間では驚くほど多くの件数の住宅ローンが利用されています。イギリスだけでも、1110万件以上の住宅ローンが借りられていて、その総額は1・4兆ポンド以上に達します。

しかし、怖いのは資産価値が下落し、売却によって借金を返済できなくなったときです。前述の20万ドルで住宅を購入した例で、物件価格が20％下落した場合を想像してみましょう。物件価格は16万ドルに下がります。銀行からの借り入れは18万ドルなので、2万ドルの損失です。問題のある投資がこの1件のみなら、損失を2万ドルに食い止められます。しかし、同様に価格が下落した物件を他にも4件、銀行からの借り入れで購入していた場合はどうでしょうか？

物件が再び値上がりすることを期待して保持するか、大きな損失が出ることを覚悟して売却するか。銀行に全額を返済するために、どんな手を打つべきなのでしょうか？

借りたお金で資産を購入する場合は、種類を問わず、金額に注意しなければなりません。レバレッジをかけすぎると、財産をあっという間に失ってしまいかねません。投資がうまくいっていると、資産の価値は下がらないと思い込んでしまいがちです。レバレッジ投資では常に、資産価値が下落したときにも持ちこたえられるかどうかを確認しましょう。

お金持ちの習慣 25

# 途中であきらめない

No white flags

## お金持ちになる人は最後まで絶対にあきらめず、お金持ちにならない人は簡単に匙を投げる

「ほとんどの人は山頂に到達することはなく、わずかな傾斜を前にして心がくじけてしまう」

金融機関のクレディ・スイスによれば、世界の99・5％以上の人は資産が百万ドル（約1億円）以上の、いわゆる「百万長者（ミリオネア）」ではありません。また、世界にいる4200万人の百万長者のうちの大半は、長年保有していた土地や住宅の価格が上がったことで資産を得ています。

お金を稼ぐことは、長く厳しく、先行きのわからない孤独な道のりです。途中であきらめる理由はたくさんあります。

人々が裕福になることに失敗している例は、いくらでも見つかります。

**・クレジットカード関連のコンサルティング企業、コンソリデイティッド・クレジットが実施した2017年の世論調査によれば、アメリカ人の43%が「経済的な自立すらできていない」と感じている。**

**・シンクタンクのパーキャピタが実施した2016年の調査によれば、オーストラリアの年金受給者の3分の1は貧困状態で生活している。**

**・調査会社のFTIとベンチャーキャピタルのシンジケートルームによる2018年の調査によれば、イギリスの投資家の48%が経済的な目標の達成に失敗している。**

お金持ちになることがすべてではないかもしれません。しかし、あなたは経済的な目標を、とても重要なものだと考えているからこそ、その達成を目指しているのではないでしょうか？　その目標は、ちょっとした挫折で簡単にあきらめてしまっていいものですか？

**お金の格言**

決心して始めたことは、
あきらめるという選択肢はない
という気持ちでやり遂げる

You’ve started this and you need to finish it. Giving up is not an option.

Put it into action

## 実践しよう!

□ **前進を続ける**

自分の経済的な目標が本当に重要なものであると確認しましょう。そう信じていれば、目標を簡単にはあきらめなくなります。

## □小さな成功を祝う

どんなに小さなことであっても、何かに成功したり、ハードルを乗り越えたりしたら、お祝いをしましょう。そうすることで、成功は可能であること、夢は実現できる、大きな目標に到達できるということを常に忘れずにいられます。

## □粘り強さを身につける

これは簡単なことではありません。人によって、生まれつき粘り強い人もいれば、そうではない人もいます。粘り強く目標を目指せるようになるには、どうすればよいのでしょうか?

**・あせらず、忍耐強く前進する。短期間での大きな成果を期待しないほうが、継続しやすくなる。**
**・良くない出来事や状況に反応する前に、一呼吸置く。途中で投げ出したくなったら、まずはいったん嫌なことは忘れてぐっすり眠る。朝になったら、新鮮な気持ちで再び挑戦を始める。**
**・応援してくれる人に囲まれる。目標達成の道を歩むことを励ましてくれる人と話をするだけでも、大きな助けになる。**

## □すべてを教訓ととらえる

遅延や障壁、経済的な挫折、失敗は避けられないと腹をくくりましょう。あらゆることは、教訓として受け止められます。じっくりと見つめていれば、次のようなことがわかるはずです。

- **同じ失敗を繰り返さないためにはどうすればいいか。**
- **これまでと違う方法をとるにはどうすればいいか。**
- **自分の行動や態度、計画のどこを変えればいいか。**

お金持ちの習慣
26

# 執着せずにものを手放せる

Don't get sentimental

## お金持ちになる人は手放すべき時を知っていて、お金持ちにならない人は思い入れに縛られる

「思い入れがあるからといって、いつまでもそれにしがみついていてはいけない。手放すべきものは手放そう。もちろん、どうしても大切なものは売り払う必要はない。だが、未練を断ち切るべきものはたくさんあるはずだ」

以前から持っているものに執着してしまうのが人間です。これは、投資にも当てはまります。私たちは、何年も前から投資をしてきたものをなかなか手放そうとしないのです。しかし、いくら自分にとっては大切だと思えるものでも、必ずしもそれに見合った価値があるとは限りません。投資家は、何かを手放すことをためらってしまいがちです。しかし投資では、感情的に執着しすぎてしまうのは禁物なのです。

私の祖父は、イギリスのヨークシャーで何十年も食料品店を営んでいました。それは彼がゼロから立ち上げた商売でした。そのため、スーパーマーケットがあちこちに出店してこのビジネスが衰退する兆しが見えていたにもかかわらず、好条件で店を売ってほしいという申し出を断っていました。最終的には店を売りましたが、早めに売っていたら手にできていたはずの数分の1の額のお金しか得られませんでした。

人間なら、思い出が詰まった資産に感情的に執着してしまうことはあるでしょう。それはある意味でしかたがありません。しかし、あまりに執着しすぎると、大きな損失につながってしまいかねません。感傷的になりすぎるべきではないのです。

**お金の格言**

## ふさわしい時が来たら、大切なものを手放すことも考える

Let your babies go when the time comes or you'll end up with under-performing 'adults'.

Put it into action

# 実践しよう！

## □感傷的にならない

保有している不動産や株式、親などから引き継いだ事業に、あらためて目を向けてみましょう。それぞれを手にした理由を考え、「なぜこれらをまだ保有しているのか？」を自問してみましょう。

- **初めて就職した会社の株を、いまだに持っている。**
- **両親が描いた夢を終わらせたくないから、引き継いだ家業を続けている。**
- **強い思い入れがあるために、赤字の不動産に多くの資金を注ぎ込んでいる。**

もちろん、思い入れがある資産や投資物件をすべて売る必要があるわけではありません。それらの資産や投資物件に、十分な価値があればまったく問題はありません。問題は、思い入れがあるという理由だけで、価値のないものを保有していることなのです。もしそういう資産や投資物件を保有しているのなら、売却を検討しましょう。

## □冷静に判断する

人間ですから、モノに対する思い入れや愛着があって当然です。しかし、それらがあなたの資産を減らす原因になっているのであれば、放置しておくべきではありません。経済的な目標を満たすことの重要性と、過去の思い入れを保つことのどちらを優先すべきか、よく考えて答えを出しましょう。

お金持ちの習慣
27

# 与えれば自分に返ってくると知っている

Give and you will receive

## お金持ちになる人は寛大な行いで周りに良い影響を与え、お金持ちにならない人は与えればいつか見返りがあるのを知らない

「富はすべて持ち歩けない。だから、その一部は誰かに分け与えなければならない」

２０１７年にネイチャー・コミュニケーションズ誌に掲載されたチューリッヒ大学の研究によれば、人は少額の寄付をしただけでも、はるかに大きな額を寄付した場合と同じくらい幸福度や満足度が向上します。

困っている人たちに、定期的に寄付をすることを習慣にしましょう。それは人を助けるだけでなく、自分自身を助けることにもなるのです。

見返りを期待せずに人に何かを与えれば、お返しが戻ってきやすくなります。社会学者のブレント・シンプソンとロブ・ウィラーは、「利他主義と間接的な互恵性」と題した2007年の研究で、現在の寛大な行為が、後で報われる可能性が高いことを実証しています。

寛大な行為をすれば、「あの人は利他的だ」という評判が高まります。その結果、誰かから（あなたが直接何かを与えた人以外からも）将来的にその見返りとして何らかの利益を得る可能性が高まるのです。

様々な宗教的、霊的な教えもこれを裏付けています。ヒンドゥー教や仏教には因果応報を意味する「カルマ」という概念があります。キリスト教でも「自分のまいた種（自業自得）」「与えよ、さらば与えられん」といった教えがあります。

宗教以外の場でも、「宇宙エネルギー」や、「引き寄せの法則」といった言葉で、同じことが話題になることもあります。どのような視点でとらえるにせよ、「与えればいつかは自分に返ってくる」という考えは、真理を表しているのではないでしょうか。

**お金の格言**

**常に他人に心を開き、寛大でいれば、周りにも寛大な雰囲気が生まれる**

Keep an open mind — being generous can create an environment of generosity around you.

# 実践しよう！

Put it into action

## □オープンマインドを保つ

積極的に人に何かを与えれば、周りにも温かい雰囲気が生まれます。こうした考えを持つことは、気持ちの良いものです。「善い行いは何らかの形で自分に戻ってくる」という因果応報の考えを信じている人もいるでしょう。「前向きな気持ちで物事をとらえていると、実際に良いことが起こる」という考えに魅力を感じる人もいるはずです。こうした考えは、ロンダ・バーン著の『ザ・シークレット』やウエイン・ダイアー著の『思い通りに生きる人の引き寄せの法則』などの自己啓発書のベストセラーでも取り上げられています。「自分が寛大でいれば、周りにも寛大な雰囲気をつくりだせる」という考えに従って行動してみましょう。

## □寛大な行為を今日から始める

人に何かを与えるのを、大富豪になったり、引退するまで待ったりする必要はありません。世のなかにお返しをするのに、何年も待つ理由などないはずです。今日から始めましょう。

## □少額から始める

今日できることから始めましょう。少額であっても罪悪感を覚える必要などはありません。手始めに、慈善団体へ少額の寄付をしてみるといいでしょう。その後、お金に余裕ができたら寄付の額を増やしてもいいですし、遺言に慈善団体に寄付する意思を記すこともできます。慈善団体への寄付には、税制上のメリットもあります。

お金持ちの
習慣
28

# 「複利の魔法」を知っている

Compound interest is magic

## お金持ちになる人は複利の力をうまく活用し、お金持ちにならない人は複利の恐ろしさを知らない

「複利の楽しさを発見しよう。それを理解すれば、お金持ちになれる。それを知らなければ、貧乏になる」

複利は、あなたがお金持ちになれるかどうかの鍵を握っています。

たとえば、高金利の金融商品を購入して何年もそのままにしておけば、複利の力でちょっとした財産を手に入れることができます。逆にクレジットカードの負債を何年も返済しないままにしておくと、複利の力で請求額がどんどん膨らんでしまいます。

たとえ低金利でも、年月の経過とともに複利の影響は大きくなっていきます。

具体例を見てみましょう。1000ドルを口座に預け、毎年、年末に残高に対して年利

３％が加算されていくとします。お金はどれくらい増えるのでしょうか。

| | | | |
|---|---|---|---|
| １年目 | １０３０ドル | ６年目 | １１９４ドル |
| ２年目 | １０６１ドル | ７年目 | １２３０ドル |
| ３年目 | １０９３ドル | ８年目 | １２６７ドル |
| ４年目 | １１２６ドル | ９年目 | １３０５ドル |
| ５年目 | １１５９ドル | 10年目 | １３４４ドル |

このように、３％という特に高くはない金利でも、お金は10年間で約３割も増えるのです。これが、利息につく利息、すなわち複利の力なのです。

逆に、負債の未払いが長引くと、複利によって大きな打撃を被ります。世のなかの様々なものと同じく、複利も使い方次第で頼もしい味方にもなれば恐ろしい敵にもなるのです。

**お金の格言**

**少額の利息を軽く見てはいけない。それは時間の経過とともに巨大化する**

Don't underestimate small amounts of interest. It all adds up over time.

Put it into action

# 実践しよう！

## □複利での返済は極力避ける

複利の金利は一般的に、私たちが利息を得る場合よりも利子を支払う場合のほうが高く設定されています。低金利のローンを賢く利用できる場合もありますが、クレジットカードの請求や消費者金融などの利子は高く、その複利の影響は恐ろしいものになります。

政府による規制で上限が定められていても、30％を超える年利（ＡＰＲ＝年換算利回り）を支払わなければならないケースに簡単に陥ることがあります。銀行からの毎月の請求書を受け取るまで請求額がいくらになるかを知るのが難しい場合や、利子が日割りで計算されるために支払総額が高くなる場合もあります。

次の例は、少額のクレジットカードの負債が、未払いを続けるといかに高額になり得るかを示しています。12月に１０００ドルを借り、１月に初めて利子が請求されたとします。ＡＰＲは24％。利子は毎月計算されます。

- **１月**――利子は１０００ドルの２％＝20ドル

・**2月**――利子は1020ドルの2%＝20・40ドル
・**3月**――利子は1040・40ドルの2%＝20・80ドル
・**12月**――支払い総額は1243・37ドルに膨れあがる（手数料等を除く）

今後、ローンの返済を遅らせるときは、それによって返済額がどれくらい増えるかに注意しましょう。

消費者金融などの高金利のローンを使用すると、元の借入額の2〜3倍の金額を支払わなければならなくなるケースもあります。

## □小さく始めて、時間をかけて増やす

複利のメリットを得るために、予備の資金で複利の恩恵を受けられる債券や株式などに投資しましょう。どうしても必要な場合を除き、これらの資産には手を付けないようにします。時間をかけて、複利の力によって資金が増えていくのを見守りましょう。

お金持ちの習慣 29

# 安定収入によって安心感を得ている

Predictable income gives you peace of mind

**お金持ちになる人は定期的な収入を生む仕組みを持ち、お金持ちにならない人は基盤となる収入源がない**

「一生続く安定した収入があれば、平和に生きていける」

不安定で絶え間なく変化する世界では、安定した定期的な収入があることが、資産を築くという目標に集中できる環境をもたらしてくれます。収入が安定していると、明日の食事を心配する必要はなくなります。いつ、どれくらいのお金が入ってくるのかを確実に予測できるので、お金持ちになるための有利なポジションに立てます。

経常所得や残余所得とは、お金を生み出す仕組みによって、継続的に得られる収入のことです。この主な収入源は2つに大別できます。

**1．保有する資産からの収益や収入**
**2．事業経営や労働を通して生み出される収入**

具体的な例を見てみましょう。

- **給与や賃金**
- **普通預金口座への預金利息**
- **不動産の賃貸収入（エアビーアンドビーなどの民泊サービスも含む）**
- **製品やサービスの販売**——安定した収益を生み出す事業や、サブスクリプションサービスの提供など
- **ネットワーク・マーケティングビジネス**
- **投資ポートフォリオからの配当や収益**
- **ロイヤルティ収入（書籍の印税や特許のライセンス料など）**

これらの収入は、あなたが資産を築くための基盤になります。本書ではこれから、これらの収入を最大限に高める方法を説明していきます。

お金の格言

## 複数の安定した収入源があれば、資産形成のストレスを減らせる

Having certainty over at least some of your income flows can take the stress out of increasing your wealth.

Put it into action

# 実践しよう！

### □定期的な収入を資産形成の土台にする

定期的な収入は、クッションや保険のようなものと見なせます。安定した収入があるとわかっているからこそ、資産を増やし、経済的な目標を達成するための様々な方法に自由にチャレンジできるようになるのです。リスクを冒し、新たな投資や収入源創出のアイデアを実験し、学び、試せるのも、安定した収入が確保できているからです。

## □「マネーマシン」をつくる

理想的なのは、何もしなくても自動的に収入が入ってくる「マネーマシン」をつくることです。これは眠っているあいだに稼げるお金であり、いったん仕組みをつくってしまえば、それ以上の手間はほとんどかかりません。これについては後で詳しく説明します。

## □「ボール」から目を離さない

ただし基本的には、固定収入を完全に自動化することも、100%保証する方法もないと考えましょう。たとえ定期的に安定した収入が入ってきていたとしても、そのことを完全に忘れていいわけではありません。どんな収入源であれ、ある程度は注意を向け、手をかけなければなりません。完全に目を離してしまわないように注意しましょう。

**・所有している賃貸物件がある地域には、目を光らせておく。たとえば新たな開発によって、その地域の住宅やアパートの価値や魅力に影響が生じることがある。**

**・資産価値に影響を与えうる税制度の変更にも注意する。**

**・収入源となっている資産を管理している人を無条件に信用しない。どの不動産エージェント、株式仲買人、ファンドマネージャーも完璧ではない。**

お金持ちの習慣 30

# 非生産的な負債は抱えない

Pay off unproductive debts

## お金持ちになる人は生産的な負債で資産を増やし、お金持ちにならない人は非生産的な負債で泥沼にはまる

「負債は、最高に幸せな人生さえも狂わせる」

負債を抱えていて生活が苦しくなっているときは、その負債が生産的なものか非生産的なものかを見極める必要があります。

負債のなかには、有用なものもあります。これを「生産的な負債」と呼びます。これは、不動産への投資や、事業の買収や成長支援など、他の資産に資金を投じるための借り入れのことを指します。この負債は、賃貸料や配当金などの収入を生みます。借入金への利子を上回る収入が得られれば、トータルの収支はプラスになります。

これに対し、「非生産的な負債」とは私たちを苦しめるタイプの負債です。これらは高額な手数料や利子の支払いが必要で、借り入れた資金から収入を生み出さない、私たちを苦しめる借金です。クレジットカードや分割払い、消費者金融ローン、自動車ローンなどがこれに相当します。あなたは自分がこうした非生産的な負債をどれだけ抱えているかを正確に把握しているでしょうか？

**お金の格言**

**非生産的な借金ばかりでは裕福にはなれない。それは私たちを貧しく、不安にさせる**

Large unproductive debts will hold you back from becoming wealthy. In fact they'll make you poor, depressed and anxious.

Put it into action

# 実践しよう！

## □負債をすべてリストアップする

抱えている負債を、借入額、返済額を含めてすべてリストアップしましょう。住宅ローンなどの生産性が高くなる可能性のある負債、クレジットカードの請求額などの非生産的な負債、毎月の分割払いを含むあらゆる支払い義務を含めます。返済できない場合に、法的措置や経済的罰則につながる可能性のある負債についても詳細を確認します。

## □負債のコストを分析し、優先順位をつける

各負債に、どのくらいの利子や手数料が請求されているかを確認します。繰り上げ返済した場合に返済額がどう変わるかも調べましょう。

目標は、高額の返済が必要になる負債を判別し、返済総額を最小限に抑えるためにどの負債を優先的に返済すべきかを明らかにすることです。税制上の優遇措置が得られる負債もあるので、該当するものがないか確認しましょう（例：イギリスでの住宅ローンの利子の支払いなど）。

## □負債のコストを減らす

これは、次のような方法で達成できます。

- **手持ちの現金を使って、特定の負債を返済する。**
- **住宅ローンを含む負債の返済条件を再交渉する。**
- **利率の低い借り入れをして、利率の高い負債の返済に充てる。**

負債は難しい問題です。深刻な問題を抱えている場合は、専門家の支援やアドバイスを求めるべきです。イギリスでは、市民相談所やマネー・チャリティーなどの様々なカウンセリング機関があります。アメリカでも、ウエブサイト「Debt.org」や全米消費者信用基金（NFCC）などが同様のサービスを提供しています。

お金持ちの習慣
31

# 賭け事は絶対にしない

Don't gamble

## お金持ちになる人は投機的な投資には手を出さず、お金持ちにならない人はギャンブルで大金を失う

「ギャンブルをしたいなら、この本を捨ててラスベガスかマカオに行き、金が底を突くまで楽しめばいい」

一般的に、富裕層はギャンブルをしません。

あるアメリカでの調査によれば、定期的に宝くじを購入している割合は低所得者層が77％だったのに対し、富裕層はわずか6％でした。この調査に携わった作家でファイナンシャルプランナーのトーマス・コーリーは、「貧しい人々は生活苦から抜け出そうとして偶然がもたらす幸運に頼っている。一方、お金持ちは機会がもたらす運によって人生を豊かにしようとしている」と述べています。機会がもたらす運とは、自分の力でつくりだす

運のことです（詳しくは後述します）。

ギャンブルは、カジノや競馬、宝くじといったものだけではありません。株式市場でも長年、自分では何をしているかもわからないまま、周りの熱狂に乗じて利益を得ようとして売買に走り、やけどをする人が後を絶ちません。

もちろん、幸運な人はその「宝くじ」に当たることもあるでしょう。しかしその確率は極めて低いものです。幸運の女神がほほ笑むのに賭けるのではなく、ある程度コントロールが可能な資産に投資するほうが、はるかに成功の確率は高まります。

**お金の格言**

## 幸運が続くことだけに頼ってお金持ちになった人はいない

No one ever got wealthy waiting for a winning streak.

Put it into action

# 実践しよう！

## □ギャンブルを避ける

ギャンブルがもたらす興奮やスリルには魅力があります。しかし、基本的に賭け事では儲けられません。運だけでは投資家として成功できないのです。気分や思いつきで、株やデリバティブ、不動産などの資産を購入してはいけません。誰かが投機的な投資で裕福になったとしても、安易に真似をすべきではありません。投資先の市場をよく理解していない限り、投機的な投資は避けるべきです。

投資からギャンブルの要素を取り除くためのルールを紹介します。

- **投資対象を徹底して調査する（例：住宅市場や新規上場企業の株式を分析する、新興企業の共同創業者になる）。**
- **どんなに有望だと思える投資対象でも、最初は少額から投資する。**
- **一つの投機的な投資対象にすべての資金を注ぎ込まない。**

## □オンラインカジノでは勝てない

ギャンブル系のウェブサイトには近づかないようにしましょう。こうしたウェブサイトは、トータルで見ると必ず胴元が勝つように設計されています。そのため、オッズは必ずギャンブルをする側に不利な設定になっていて、勝率は驚くほど低くなっています。少額を楽しみのために賭けるのはいいかもしれませんが、このような賭け事で裕福になることを目指してはいけないのです。

お金持ちの習慣 32

# 身近な人からお金を借りない

Don't borrow from anyone close

## お金持ちになる人は身内からお金を借りず、お金持ちにならない人は借金で大切な人を失う

「友情とお金——どちらが大切か?」

お金を借りてうまく運用することは、資産を築くための効果的な方法です。ですから、次のような理由で元手となるお金を家族や友人から借りたくなるのも無理はありません。

- **家族や友人は身近にいるし、人間関係のつながりも深い。**
- **お互いのことをよく知っている。**
- **相手がどれほど親切で寛大な人であるかを理解している。**

**・相手がどれくらいお金を持っているかを推測しやすい。**
**・相手に、「何が目的で、なぜお金が必要なのか」を理解してもらいやすい。**

対照的に、銀行やプロの投資家などからお金を借りるのは簡単ではありません。事業計画を作成し、担保をつけ、借入申込書や返済計画書を提出しなければなりません。相手には、あなたのことをよく知り、あなたが資金を必要としている理由を理解し、審査をするために時間が必要です。こうして長い時間をかけても、あなたは経済的な状況を分析され、リスクを評価された結果、審査に落とされることもあります。

それでも、身近な人からお金を借りるのはやめておいたほうがいいでしょう。まず、それは相手に「あなたを助けなければならない」というプレッシャーを与えてしまいます。あなたが約束の期日通りに返済するのか、利子を払ってくれるのか、借用書にサインをしてくれるのかといった不安も抱くでしょう。

「金を貸せば、金と友人を失う」というシェイクスピアの名言があります。お金を借りようとする前には、友人との信頼関係や家族の絆を失ってもいいのか、熟考すべきです。

**お金の格言**

「金を貸せば、金と友人を失う」
――ウィリアム・シェイクスピア
'Loan oft loses both itself and friend.' (William Shakespeare)

Put it into action
# 実践しよう！

## □まず金融機関から借りることを検討する

母親や親友にお金を借りようとする前に、他に融資元がないかを徹底的に調べましょう。銀行やプロの投資家などからお金を貸してもらえない場合は、次のような問題点について考えます。

- **返済計画が不十分だと思われていないか。**
- **担保が不十分だと見なされていないか。**

- **信用情報は十分か、相手に信用を与えるだけの収入はあるか。**

どうしても金融機関から貸してもらえない場合、身内からお金を借りてもよいのでしょうか？まず、金融機関にお金を貸してもらえなかった理由についてよく考えてみましょう。あなたがお金を貸す相手として本当にリスクが高いのなら、当然、大切な友人や家族をリスクにさらしていいわけがありません。

## □最後の手段

どうしても身内からお金を借りなければならなくなったら、次のアドバイスに従ってください。

- **お金を貸すことを強要しない。**
- **あれこれと条件をつけない。**
- **相手に人にお金を貸せるだけの金銭的な余裕があることを確認する。**
- **最悪のケースを想定し、返済が困難になった場合の対処法について話し合っておく。**
- **市場レベルの金利を提示し、支払うことに同意する。**
- **中立的な立場の証人のもとで、同意書を作成して双方の当事者が署名する。**

・約束の期日よりも前倒しで、できるだけ早く完済する。
・感謝の気持ちを示し、いつかこの件のお返しをすることを目標にする。

お金持ちの習慣
33

# 一定のリスクをとっている

Take some risks

## お金持ちになる人はリスクのとりかたを心得ていて、お金持ちにならない人は加減を知らずに痛い目に遭う

「一番危険なのは、リスクをまったくとらないリスクである」

お金持ちになるためには、ある程度のリスクをとらなければなりません。

基本的に、投資の潜在的なリターンが高くなるほど、そのリターンが達成されないリスクも高くなります。またリターンが高い投資ほど、リターンの変動率も高くなります。

銀行にお金を預ければ、わずかではありますが１００％保証された金利を受けとることができます。その一方で、失敗率の高いＩＴ系のスタートアップ企業に投資をすれば、資金を失ってしまうかもしれないかわりにＩＰＯ（新規株式公開）や新規上場によって投資

額の100倍以上のリターンが得られる可能性があります。

厳密に言えば、資産を増やすための絶対に確実で安全な方法はありません。確率は異なるとはいえ、経済的な価値はどんなものでも下落することがあるからです。

- **株価は下落する。その企業が倒産することもある。**
- **住宅価格は下落する。地盤沈下や近隣の新開発によって不動産価値が下がることもある。**
- **デリバティブから外国為替スワップまで、あらゆる金融商品には、投資したお金を失う、価値が下落するというリスクがある。さらなる出費が必要になることさえある。**
- **金《きん》、米国債、英国債など、安全と思われている資産でも価値が下がることがある。**
- **現金は安全だと思えるかもしれないが、インフレ率が高くなれば価値が下がる。**
- **美術品などの現物資産は、盗難や破損の可能性がある。**

**お金の格言**

富を手に入れたいのなら、
ある程度のリスクを冒す必要がある。

If you want wealth, you will have to take some risks.

Put it into action

# 実践しよう！

## □資産を増やす時間はどれくらいあるか？

リタイアを目指しているのが1年後なのか20年後なのかによって、あなたの「リスク許容度」（どの程度リスクを受け入れられるか）は変わります。

資産を増やすための時間があればあるほど、大きなリスクで高いリターンを期待する機会を増やせます。もし失敗しても、損失を取り戻す時間があるからです。

逆に、その期間が限られている場合は注意が必要です。リスクの高い投資には慎重にならなければなりません。このようにリスクを回避したい場合には、低金利でも銀行の定期預金に預けることが望ましい方法になるでしょう。

## □自分のリスク許容度を自覚する

あなたは、生まれながらにしてリスクをとるタイプでしょうか？　それともリスクを嫌うタイプでしょうか？

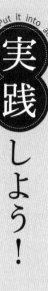

普段から何事も慎重なタイプの人は、資産形成のためにコンフォートゾーンから抜け出して多少のリスクをとる必要があるかもしれません。逆に、普段から強気で積極的にリスクをとるタイプの人は、立ち止まって冷静になることが必要になる場合も出てくるでしょう。

## □資産のリスクウェイト（危険度）を確認する

少々専門的な話のように聞こえるかもしれませんが、自分の資産のリスクウェイト（危険度）はシンプルな考えに基づいて確認できます。ポイントは、ハイリスク・ハイリターンの資産と、ローリスク・ローリターンの資産をうまく組み合わせて保有することです。目指しているポートフォリオが多様で複雑な場合は、高リスクと低リスクの投資の適切なバランスをとるためにファイナンシャルアドバイザーやプライベートバンカー、会計士といった専門家の助けを求めましょう。

お金持ちの習慣
34

# 為替の動きを注視している

Watch out for currency swings

**お金持ちになる人は為替の動きに合わせて投資し、お金持ちにならない人は値動きに振り回される**

「上がったものは必ず下がる。だが、下がってほしいときに限って下がらない」

為替レートの動き次第では、資産を大幅に減らしてしまうこともあります。私の知り合いに、香港に大きなアパートを所有している人がいました。彼は住宅ローンのアドバイザーから、日本の金利が低いので、ローンを香港ドルから日本円に切り替えて返済することを勧められました。当初はそのおかげで月々の住宅ローンの支払い額を減らせました。しかし、翌年に為替が動いて円高になると、毎月の住宅ローンの支払い額は急に増えてしまいました。円高はさらに進行し、結局は香港ドルで住宅ローンを返済していたときより支払い額が増えてしまったのです。

誰でも、「お金を節約できる」というチャンスには惹かれるものです。そのため、前述の例のように為替の動きをうまく利用したいと考える人もいるでしょう。しかし、レートは常に変動しています。長期的に為替レートがどう変化するかを100%の精度で予測することは不可能です。ある通貨(例：香港ドルやポンド)で資産(不動産)を保有し、収入(給与や家賃収入)を得て、別の通貨(例：円やスイスフラン)で負債(住宅ローン)を支払うことは可能です。しかし、それで長期的に得をすることになるのか損をすることになるのかは誰にも予測できません。

海外での販売(輸出)をするビジネスや、海外の原材料やサービスの購入(輸入)をするビジネスにも同じリスクがあります。このようなビジネスを経営したり投資をしたりしている場合は、為替リスクに注意しなければなりません。たとえば自国の通貨の価値が下がると輸入品が割高になり、自国の通貨の価値が上がると海外での売上高が下がります。

同様に、外貨建てのファンドや金融商品に投資する場合もリスクがあります。自国の通貨の価値が低くなれば、投資した資産を自国の通貨に変換したときに額が低くなってしまうからです。

お金の格言

為替レートの予測に自信がなければ、自国通貨での資産運用を心がけよ

If in doubt keep your money in your own local currency.

Put it into action

# 実践しよう！

## □衝動をコントロールする

異なる国や通貨が絡むお得な情報には注意しましょう。金融の専門家から、外国の低金利やハイリターンの投資を勧められるかもしれませんが、慎重な判断が必要です。

## □シンプルな原則に従い、「マッチング」を行う

原則、ある資産から生じる所得と、その資産に対するローンには、同じ通貨を用いるようにし

ましょう。これは「マッチング」と呼ばれる方法です。この原則に従っていれば、悩みの種を減らせます。

外国で投資や売買をする場合には、為替ヘッジという方法を実践できます。もっともシンプルなのは、銀行に手数料を払い、固定された為替レートで外貨を購入する方法です。あるいは、為替レートが有利なときに、必要な外貨を早めに購入して、その為替レートで「ロックイン」するという方法もあります。

みなさんも普段、外国に旅行する際、数週間前や数カ月前に外貨を購入しておくことがあるのではないでしょうか。基本的な考え方はこれと同じです。

## □為替レートのメカニズムを理解する

為替の変動の仕組みを理解するのは簡単ではありません。この本の執筆時点では、1ドルは0・78ポンド、1ポンドは1・28ドルに相当します。ドルが、ある通貨（例：ポンド）に対して下落するとき、相当するポンドの額は低くなります（例：1ドルの価値はそれまでの0・78ポンドから0・68ポンドに下がる）。逆に、ドルの価値が上がると逆のことが起こります（例：1ドルはそれまでの0・78ポンドから0・88ポンドに上がる）。

為替レートの仕組みをしっかりと理解してから、外国での取引や投資を開始しましょう。

お金持ちの
習慣
35

# 「オーナーシップ（資産を所有すること）」を手放さない

Keep ownership

**お金持ちになる人は継続保有を金の卵と認識し、お金持ちにならない人は目先のお金を優先させる**

「オーナーシップを手放すのは、目先の利益のために将来の自由を手放すことだ」

目先のお金に目がくらんで、オーナーシップ（何かを所有すること）の権利を手放さないように気をつけましょう。これには、企業の株式や不動産、さらにはワインのコレクションなど、様々な資産が当てはまります。

オーナーシップを持ち続けていれば、将来的にそれが大きな利益をもたらす可能性が残ります。

銀行から十分な融資が受けられず、オーナーシップを手放すのと引き換えに誰かから出資を受けたことで失敗した例はいくらでもあります。私の身近な人も、会社の資金を増やすために知人2人にそれぞれ自社株の25%を与えるのと引き換えに出資してもらいました。今では、この会社の年商は数百万ドル規模にまで成長しました。その結果、株式を持っていただけでこの会社の成長に何も関わっていなかった知人2人が、全体の半分もの恩恵を手にしているのです。

オーナーシップを手放すことに対しては、細心の注意が必要です。たとえば自社株の大部分を手放してしまうと、会社の経営について株主の承認や同意がないと何も決められなくなってしまいます。

目の前のお金に目がくらんでオーナーシップを手放してしまえば、将来、「わずかな額のために多くを手放してしまった」と後悔することになるかもしれません。

**お金の格言**

## 自社株を手放す前には、後悔しないようにじっくり考える

Will you regret having given away the shareholding in your business?

# 実践しよう！

Put it into action

## □代わりの資金源を探す

オーナーシップを手放すのは最後の手段です。その前に、次のような手段で資金を得る方法を探ってみましょう。

・**金融機関から融資を得る**——ただし、高金利の融資元には注意すること。できるだけ信頼できる金融機関から融資を受けよう。

・**取引を通じてうまく資金調達する**——インセンティブを提供するという条件で交渉すれば、取引先からの入金を早めてもらったり、こちらからの支払期間を長く設定してもらえたりする場合もある。こうした取引条件を活用して資金繰りをしよう。

住宅ローンの融資では、銀行などの融資元が住宅の抵当権を持つ場合があるので注意しましょう。銀行は当該の住宅を所有しているわけではありませんが、いざというときには差し押さえられる法的権利を持っています。金融機関からお金を借りることは、事業を成長させ・維持するための出資の見返りに会社の株式の一部を誰かに与えることとは大きく意味合いが異なります。オーナーシップを簡単に手放さない形の資金繰りを考えましょう。

## □簡単にオーナーシップを手放さない

どうしても自社株を手放さなければならない場合は、その割合を最小限に抑えましょう。相手に、その株の価値に合意してもらうことを目指します。

株を譲ると将来的に事業へどんな影響が生じるかを熟考しましょう。新しい株主にあまり良い印象を持てず、一緒に仕事をするくらいなら交渉を取りやめたほうがマシだと思うかもしれません。極端な場合、廃業したほうが賢明な判断になるケースもあるでしょう。

## □契約内容に、買い戻し条項を入れる

今後の株主契約書には、手放した株式を買い戻す権利を入れるように交渉してみましょう。株式価格の（将来的な）計算方法については、事前に合意形成しておきます。資金に余裕ができたら、株を買い戻しましょう。

お金持ちの習慣 36

# 不確実なことを当てにしない

Don't count your chickens

## お金持ちになる人は「捕らぬ狸の皮算用」をせず、お金持ちにならない人は見通しが甘い

「ポテトチップスを売れるのは、ジャガイモを収穫し、皮をむいてからだ」

紙面上の利益、取引先との契約書、将来の投資利益などを、現実のお金や資産と見なさないように注意しましょう。実際には、想定していたよりはるかに額が少なかったり、入金が遅れたりすることは十分にあり得ます。まったくお金が手に入らない場合だってあるでしょう。次のことに留意しましょう。

**・すべての取引先が、期日通りに満額で支払いをしてくれるわけではない。**

**・契約内容が額面通りに遂行されるとは限らない。**
**・高給の新しい仕事のオファーは、取り消されるかもしれない。**
**・投資上の利益は一晩で消えてしまう可能性がある。**
**・紙面上の利益が現金に変わるとは限らない。**

将来的に手に入りそうなお金を、当てにすべきではありません。

会社の収益性が高くても、銀行にほとんど残高がなく、多額の負債を抱えている場合もあります。次のような理由からキャッシュフローがマイナスになるのはとても一般的なことです。

**・顧客が期日通りに支払いをしない。**
**・余剰在庫が多い。**
**・非生産的な資産に多額の投資をしている。**

収益性の高い会社の株主は、裕福だと感じるかもしれません。しかし実際には、その会社が多額の負債を抱えていて、倒産するかもしれないのです。

お金の格言

## 手に入るかもしれないお金を当てにしてはいけない

If the income stream has not arrived, never co mmit to spending it.

Put it into action

## 実践しよう!

### □口座にないお金は使わない

まだ手に入れていないお金を当てにして、計画を立てたり約束をしたりしないようにしましょう。以下に例を示します。

**・取引先への売掛金、友人に貸したお金**

**・経営権や株を保有する会社からの配当金(キャッシュフローの問題のために支払いが遅延する恐れがある)**

**・正式な契約や就業前の新しい仕事**

人の世ははかなく、物事は変化します。人は偽りの約束をしたり、都合の悪い部分をごまかしたりします。

できない約束をされたまま、放置されるリスクを冒さないようにしましょう。好条件の会社に転職しても、すぐさま自分へのご褒美に高級車を買ったりすべきではありません（試用期間で契約を打ち切られてしまうかもしれないのですから）。

**・焦りは禁物。立ち止まり、辛抱するところは辛抱する。疑わしいときは、待つことを心がける。**

**・強欲になったり、お金を見せびらかしたりしてはいけない。**

**・お金は、確実に手にしたのを確認してから使う。**

お金持ちの習慣
37

# 人間関係を広げる努力をしている

Build bridges

## お金持ちになる人は人脈こそが富を築く鍵だと知っていて、お金持ちにならない人は人間関係にだらしない

「裕福な人は、人間関係や人脈を得ることを目的として仕事をしている。他の人たちは、単に給料を得ることしか考えていない」

あなたは、誰かと知り合う機会を意識的に設けていますか？

人を味方につければ、富を築く見通しを良い方向に変えられます。世界的会計グループ、アーンスト・アンド・ヤングの会長だった故ユージーン・オケリーはその自伝のなかで、「重要な見込み客に近づくために、アシスタントにその人の隣の席の航空券を予約させた」と

語っています。

このように、重要な人との出会いを引き寄せるためなら、あらゆる手段を講じようとする人もいます。私たちも、積極的に出会いを求めていきましょう。あなたが資産を築くのを助けてくれるのは、どのようなタイプの人でしょうか？　おそらく次のような人たちではないでしょうか。

- **成功していて、裕福であり、学ぶものが多くある。**
- **「願えば何でも実現できる」というポジティブな考え方を持っていて、自分の能力や良い側面を引き出してくれる。**
- **専門知識があり、必要なテーマについてのヒントやアドバイスをくれる。**
- **人脈が広く、良い人を紹介してくれる。**

見知らぬ人に近づいていくのは勇気がいりますし、新しく知り合った人と仲良くなろうとするのは緊張するものです。人間関係を積極的に広げていくのは簡単ではなく、慣れるにはかなりの訓練も必要です。しかし、それがとても重要だと思えるのなら、あなたもきっとできるようになるでしょう。

お金の格言

人脈には力がある。
人脈を育て、成長させていくことほど、
富を築くうえで大切なものはない

Networks have power, and nurturing and growing yours is one of the best things you can do in your quest to build wealth.

Put it into action

# 実践しよう！

## □第一印象を改善する

外向的な性格の人なら自然に人間関係を広げていけるかもしれません。しかし、内向的で寡黙なタイプの人にとってはそう簡単にはいきません。

内向的な人は、自己紹介を練習しましょう。自分が何を目指していて、どんな支援やサポートを求めているかを相手にうまく伝えるために、どんなふうに話をすればよいかを考えてみます。

## □有意義な集まりやイベントに参加する

人脈を広げるために、どのような種類のイベントや交流会に参加すればよいのでしょうか？　次に例を挙げます。

- **成功した投資家や起業家が多く集まるネットワーキングイベント**
- **各業界の展示会**
- **商工会議所が主催するイベント**
- **資産形成に関する各種のテーマを扱う講義やワークショップ**

## □「ギブ・アンド・テイク」の関係を築く

新しい人脈を築くときには、相手から何を得られるかだけを考えるのではなく、相手に何を提供できるかも考えましょう。「私は、何をすればあなたの役に立てますか？」と直接尋ねてみるのもいいでしょう。私はよく、相手にコーチングやリーダーシップについてアドバイスします。あなたにも、相手に喜んでもらえるスキルが何かあるはずです。

## □音信不通にならないようにする

新しくつくった大切な人間関係は、途切れないように気をつけましょう。良い関係を保ち続けるための努力を怠らないようにします。

お金持ちの習慣
38

# 不動産に投資している

Invest in bricks and mortar

## お金持ちになる人は早くから不動産投資をし、お金持ちにならない人はそのメリットを知らない

「不動産は実際に見て、感じて、触れられるものだ。そこに住むこともできれば、働くこともできる」

不動産は、富を築くための一般的な方法です。他の方法で富を築いた人も、そのお金で不動産を買うケースがほとんどです。世界中の富裕層も、まず間違いなく資産のポートフォリオの一部として不動産を所有しています。

不動産には、戸建て、アパート、住宅／ビル用の開発エリア、土地、店舗、オフィスタワー、工場、倉庫などの商業用不動産など、様々な形態があります。

なぜ、不動産は富裕層にこれほど人気なのでしょうか？

・基本的に、不動産の価格は年月の経過とともに上昇する（ただし、もちろん景気後退や供給過剰、不動産価格バブルの崩壊などが原因で下落することもある）。
・不動産には様々な形や規模のものがある。高価な豪邸から低価格の学生用アパートまで、あらゆる嗜好や予算に合う物件が様々な場所に存在している。
・家賃収入は通常、不動産の購入価格に対して高い割合のリターンになる。また、安定した不労所得（パッシブインカム）にもなる（後の章で詳しく説明）。
・金《きん》と同じく、不動産は地震や津波のような自然災害が発生しない限りは簡単にはなくならない現物資産である。現物資産は一般的に、現物を持たない投資資産よりも安全性が高い。多くの国では、不動産投資は土地に関する厳密な権利によって保護されているため、家や工場を誰かに盗まれることはまずないと言っていい。
・特に先進国では、不動産の購入を支援するための融資が容易に受けられるようになっている。そのため、価格の１００％を前払いしなくても不動産を購入できる。
・ほとんどの国では、不動産売買のための市場が整備されている。
・不動産を保有していれば、自分がそこに住んだり、そこで働いたりできる。

**お金の格言**

# 不動産投資は、富を築くための定石である

Investing in property is one of the most common ways of creating wealth.

Put it into action

## 実践しよう!

### □不動産ポートフォリオを構築していく

最初は、ワンルームマンションなどの小さな物件から着手するといいでしょう。不動産投資は、できるだけ早く始めたほうが有利です。参入が遅くなると、時間を味方につけにくくなります。自分が住むための家を購入するだけでなく、銀行融資を利用して2軒目、3軒目の物件を購入し、これらを貸し出して、その賃貸収入を毎月の住宅ローンの返済と家主としての諸経費に充てることも可能です。

## □立地にこだわる

物件の購入では、とにかく立地を重視しましょう。私自身の経験でも、立地条件の良い場所にある物件は、価値が高く評価され、すぐに売却できます。

## □良い融資元を探す

不動産投資を始めるには、頭金や諸経費に充てるための資金が必要です。そのための貯蓄を始めるのは早ければ早いほどいいと言えます。ただし現金を潤沢に持っていない限り、不動産を購入するには銀行の力を借りるのが賢明です。うまくいけば、購入価格の10％程度の自己資金で物件を購入できます。

銀行ローンや住宅ローンを組むのはそれほど難しくありません。たいていの国には、不動産ローンや住宅ローンを提供している金融機関が多数あります。また、各種のローンを比較検討するための便利なウェブサイトもあります。ただし、住宅ローンの選択には十分に注意しましょう。特に、定期的に利子のみの返済が求められ、元本が減らない仕組みになっている住宅ローンには注意してください。

## □公的融資を活用する

イギリスでは、初回購入者向けプログラム（住宅ローン支援の「ヘルプトゥーバイ」、借りている住宅を購入する権利を与える「ライトトゥーバイ」、住宅協会との折半という形で一定割合の価格で住宅を購入できる「シェアドオーナーシップ」）などの、不動産関連の政府の支援制度を利用できます。アメリカでも、連邦住宅局が提供する初回購入者向けの住宅ローンを利用できます。こうしたローンは、銀行のローンに比べて審査が通りやすいとされています。他の国にも、たとえばシンガポールの政府提供の安価な集合住宅「ＨＤＢ」など、同様の支援制度があります。

お金持ちの習慣
39

# 労せず手にしたお金はすぐになくなると心得ている

Easy come, easy go

**お金持ちになる人は相続前にお金の使い方を計画し、お金持ちにならない人は遺産をまたたく間に使い果たす**

「相続でお金持ちになった家は、3世代もすればまた貧乏に戻る」

多額の財産を相続した人の大半は、それを失ってしまいます。アメリカの富裕層向けコンサルティング会社、ウィリアムズ・グループの調査によれば、富裕層の世帯の7割が2世代目までに、9割が3世代目までに財産のほとんどを失っています。

宝くじに当選した人の末路もこれと似ています。当選者の大半が、にわかに手にした大金を数年以内に使い果たしてしまうのです。

何の努力もせずに手にしたお金を管理するのは簡単ではありません。そのお金を資本にして収入を得るという考えを理解できる人は、多くはないのです。とはいえ親から遺産を相続した場合なら、宝くじを当てるといった偶然の産物によって大金を手にした場合より、資産管理の大切さを理解するという意味では有利な立場にあると言えるでしょう。親が一生懸命働き、そのお金を貯めてきた姿を見てきたはずだからです。

それでも残念ながら、相続する準備ができている人はわずかしかいません。その主な理由は、親が子供たちを信頼していない、あるいは遺産を相続させるための教育を子供にしていないからです。そのことは、アメリカの民間銀行、USトラストが2015年に行った調査にも反映されています。

- **78%の親が、自分の子供に遺産を適切に管理してもらえる信頼がないと答えた。**
- **64%の親が、資産管理について子供に何も教えていないと答えた。**

世界各地に、「子供や孫が、親や先祖から受け継いだ財産を浪費してしまった」という内容の言い伝えがあるのも当然なのかもしれません。

お金の格言

# 子孫に浪費されてしまう富を築くために、一生懸命に働きたいと思う親はいない

Do you really want to work hard to create wealth knowing that your offspring will lose it all?

Put it into action

## 実践しよう！

### □両親から学ぶ

相続がしたいのなら、親がどのようにしてその資産をつくり、管理し、増やしているのかに関心を持ちましょう。親の資産管理の方法を観察して、わからないところは質問し、理解を深めます。不動産や株式ポートフォリオの管理方法、銀行との付き合い方、税金の問題、海外信託（オフショアトラスト）など、親がしているあらゆる資産管理に目を向けましょう。

親の資産管理を手伝い、現在の問題点を理解しましょう。重要な会合には同席しましょう。親の代わりに、銀行や証券会社、不動産会社の担当者や、税理士などと話をするのもよいでしょう。

## □金融スキルを身につける

富の相続を成功させる秘訣は、正しい知識とスキルを身につけることです。「自分が何を知っているか」だけではなく、「自分が何を知らないか」についても把握できるようになりましょう。専門家の支援やアドバイスは重要です。ファイナンスや資産管理のコースを受講してみてもいいでしょう。

## □相続したお金を、自分で苦労して稼いだもののように扱う

お金のリテラシーは、簡単に身につくものではありません。お金についての正しい考え方を子供の頃から親に教わってきたので、よく考えて賢くお金を使い、無謀な投資はしないという幸運な人もいるでしょう。しかし、このような考え方が身についていない人は、本書で金融リテラシーを高め、将来、遺産を相続したときに適切にそのお金を扱うための準備をしておきましょう。

お金持ちの習慣 40

# 感謝の気持ちを示している

Show gratitude

## お金持ちになる人は恩人への感謝を忘れず、お金持ちにならない人は簡単に不義理を働く

「困っているときに助けてくれた人のことは、決して忘れてはならない。いつまたお互いの役に立てるときがくるか、わからないのだから」

経済的に成功するか失敗するかは、紙一重の差で決まることもあります。たった一人の小さな助けに、結果が大きく左右されることは珍しくありません。

下積み時代に誰かが救いの手を差し伸べてくれたことが、その後の成功につながったと語る資産家は多くいます。香港の実業家で、巨大な事業と不動産の帝国を築いて現在は世界屈指の大富豪になった李《り》嘉誠《かせい》もその一人です。1950年代に造花の製造業者だった頃、

ある取引先から支払期間を延ばしてもらった体験が、今でも忘れられないほどありがたかったと回想しています。

誰にでも、「今の自分があるのはこの人のおかげだ」と感謝している相手がいるはずです。初めての仕事で指導してくれた人であれ、投資のアドバイスをしてくれた人であれ、困っているときに助けてくれた人がいるからこそ、今のあなたがあるはずです。

お金も知識もない若い頃は、何事もうまくはいかないものです。そんなときに救いの手を差し伸べてくれた人には、大きな恩があるはずです。世話になった人に感謝の気持ちを示し、自分の人生でどれだけ重要な役割を果たしてくれたかを伝えることは、助けてくれた人のためになるのはもちろん、自分のためにもなるのです。

お金の格言

## 誰に助けられたか、誰にその恩返しができるかを考える

Who has helped you and who could you help in turn?

Put it into action

# 実践しよう！

## □過去に助けてくれた人に、今すぐ感謝を伝える

「人生の扉を開けてくれた」と呼べるほどの恩人にはまだ出会っていないという人もいるかもしれません。それでも、もしそのような出会いがあったら、感謝の気持ちを伝え、連絡を取り合えるようにする心づもりをしておきましょう。

どんな方法であれ、お返しをしましょう。私も、長年にわたって仕事を回してもらった重要なクライアントに、おもしろい方法でお返しをしました。彼の子供たちに勉強法や将来のキャリアに関するアドバイスを与えたのです。

世話になった人には、感謝の気持ちを示しましょう。将来、意外な形で再びその人と縁がつながることがあるかもしれません。

## □恩人と連絡を取り続ける

自分を助けてくれた人とのつながりは大切にしましょう。それはめぐりめぐって、相手のため

にも自分のためにもなります。ＳＮＳ（フェイスブック、リンクトイン、インスタグラム、ツイッターなど）を用いたり、メッセンジャーアプリやメールで興味を持ったネット記事やアイデアを共有したりするだけでも、意識的に連絡を取り合えます。

そのように関係を保つことで、いつか相手を助ける機会が訪れるはずです。また、関係が深まった相手から、再び助けられることもあるでしょう。関係をつないでおけば、想像もしていなかった形で、お互いのためになる何かができるようになるものなのです。

お金持ちの習慣
41

# 信用情報をきれいに保っている

Clean up your past

## お金持ちになる人は経歴を汚さずに保ち、お金持ちにならない人は過去の行いが悪く銀行の審査に通らない

「信用を大切にしなさい。そうすれば、いつか信用があなたを大切にしてくれる」

もし、過去の何かがあなたの経済的な成功を妨げているのだとしたら、それに正面から向き合いましょう。過去の行いは、世間で思われている以上に多くの人々の経済的な成功の障害になっています。以下に例を挙げます。

**・クレジットカードの滞納履歴がある**——クレジットカードの未払いが何年も続くと、銀

行ローンや住宅ローンの審査に通りにくくなる。

・**SNSへの不適切な内容の投稿がある**——過去の投稿、特に攻撃的で愚かだとみなされやすい投稿によって、悪いレッテルを貼られないようにしよう。それはあなたの将来に良くない影響を与える。

・**履歴書で経歴を詐称している**——履歴書には、できる限り正しい情報を記載しよう。過去の年収、役職、勤務年数などが不正確だと、それが明らかになったときに信用を失う。

変えられない過去もあります。たとえば、裁判や警察関連の記録がある場合、それは自分の手では修正できません。それでも、自分でコントロールできるものに関しては世のなかに嘘偽りない自分の姿を示すようにしましょう。

**お金の格言**

「隠し事をしても、いつか必ずばれる」と肝に銘じること

Skeletons never stay shut in the closet.

Put it into action

# 実践しよう！

## □信用情報をきれいにして、好条件の融資を受けやすくする

住宅ローンを組めるように、信用情報をきれいにしておきましょう。過去にまったく借り入れ履歴がないと、住宅ローンを借りにくくなることがあります。逆に、他にローンを抱えていたら、金利が高くなる場合もあります。

ある程度の信用情報をつくるためには、クレジットカードを利用し、毎月の支払いを遅らせないようにすると良いでしょう。イギリスには、過去の家賃の支払い履歴を信用情報に含められる、「レンタル・エクスチェンジ・イニシアチブ」という制度があります。また、「experian.co.uk」や「capitalone.co.uk」といったサイトで、自分の信用格付けと、その情報が正確であるかどうかを確認できます。アメリカでは、「www.creditsesame.com」「www.creditkarma.com」「www.Experian.com」などのサイトで同様の情報を確認できます。

## □SNS上の履歴をきれいにする

インターネット上に残っている過去の自分の書き込みによって、痛い目に遭わないように気をつけましょう。フェイスブックへの投稿や、他人の投稿への「いいね！」も含む、ＳＮＳでのこれまでの投稿や行動を振り返りましょう。内容によっては非公開にすべきものがあるはずです。場合によっては、思い切ってＳＮＳのアカウント自体を削除してもいいでしょう。

## □履歴書の誤りを直す

履歴書で過去の仕事での役職や肩書きを誇張していたり、未記載の失業期間があったりする場合は訂正しましょう。学位やコースを終了せず中退している場合も、ごまかさずに事実を記載します。「もう今後はこうした子供じみた行為はしない」と心に誓いましょう。

## □法的な問題に対処する

法的な問題に関わっているのなら、可能な場合は清算しましょう。もちろん、それは簡単ではないかもしれませんが、債権や抵当権など対処できるものがあるのなら速やかに実行しましょう。

お金持ちの習慣 42

# 失敗を「親友」にしている

Make failure your best friend

## お金持ちになる人は恐れや失敗とうまく付き合い、お金持ちにならない人は不安に振り回される

「成功は常に、失敗の地平線の先であなたを待っている」

毎年、何百もの人々が、成功するとは限らないと知っていながら、エベレスト登頂に挑みます。ヒマラヤン・データベースによれば、2017年12月の段階で、この山の登頂に成功したのは通算でわずか4833人。2017年では39%が登頂に失敗し、1922年から2017年のあいだに288人が命を落としています。なぜ、それでも人々は挑戦をやめないのでしょうか？

お金持ちになることは、ときにはエベレストに登るくらい難しいものになり得ます。大

きな資産を形成してそこからリターンを得ていくのはリスクと隣り合わせであり、失敗する可能性も少なくありません。保有している住宅の価格が下がるかもしれませんし、投資先の企業が倒産するかもしれません。保有株の価値が暴落するケースも考えられます。
失敗例は至るところにあります。しかし、決意を固めた登山家のように、目標に向かって前進することが大切です。失敗したら、そこから学び、再び歩き始めるのです。

**お金の格言**

**エベレスト登頂への最初のアタックで失敗した登山家は、いったんベースキャンプに引き返し、チャンスが来たら再びアタックを敢行する。こうして挑戦を止めないからこそ、最後には成功を手にできるのである**

Many mountaineers who didn't conquer Everest first time round return to base camp for another attempt, and many who failed on their first attempt finally get the ultimate prize because they refused to stop trying.

Put it into action

# 実践しよう！

## □恐怖から目をそらさない

人間は恐れる生き物です。原始時代、今よりももっと死が身近だった世界に生きていた私たちの祖先にとって、恐れの感情は不可欠でした。危険な動物と出合ったら、「逃げるか闘うか」を瞬時に判断しなければならなかったからです。

成功する人は、恐れを感じないのではありません。恐れは感じても、それを勇気や決意で乗り越えていくのです。

投資をするうえで常に心に留めておくべき、重要な質問が3つあります。

**1．失うことを恐れているものは何か？　客観的かつ正直に答えてみましょう。恐れているものが些細なものでもかまいません。どんなに小さなものでも、恥ずかしく感じる必要はありません。本音で、何が怖いのかを考えてみましょう。**

**2．「適切な投資をしない」「資産を増やす機会を逃す」などによって失うものは何か？　逃したお金はあなたにとってどれくらい重要ですか？**

**3. 起こりうる最悪の事態は何か？　ある投資をするにあたって、考えられる最悪の事態が起こったとき、資産全体や経済的な目標に及ぼす影響はどのようなものですか？**

## □最悪の失敗を回避する

恐れや失敗を乗り越えるといっても、それはリスクを無視するのと同じではありません。大切なのは、たとえ最悪の事態が起こっても、全財産を失わないようなリスク管理をしておくことです。そのための方法はいくつもあります。「リスク管理の手法を学ぶ」「資産を1カ所に集中させない」「資産を守るための専門家のアドバイスに耳を傾ける」などです。

お金持ちの習慣
43

# 幸運を呼び寄せる努力をしている

Create your own luck

## お金持ちになる人は「運は自分で引き寄せる」と考え、お金持ちにならない人はただ偶然を待つ

「幸運はシンプルな料理だ。計画、決意、努力というたった3つの材料でできている」

一般的に、お金持ちは幸運に恵まれた人だとも言えるでしょう。しかし、とても大きな成功を収めた人と、単に宝くじを当てた人の幸運には違いがあります。成功者は、何度も繰り返し幸運を手に入れる傾向があります。また、ＩＴ系のスタートアップ企業の創業日に招待された投資家や、株価が暴落する直前に株を売却した株トレーダーのように、適切なタイミングで適切な場所にいるケースが多く見られます。

「運」をテーマにした研究をしてきた心理学者のリチャード・ワイズマンによれば、運の

良さは、チャンスや機会を察知し、それをつかむための行動をどれほどしているかに関係しています。裕福な人たちも、まさにこの通りの行動をしています。つまり、幸運を引き寄せられそうな状況に、積極的に身を置いているのです。自らチャンスをつくり、それを活用する準備を整える。それがお金持ちになるための鍵だと言えるでしょう。

**お金の格言**

**幸運であるためには、努力に加えて、自発性、直感、知性が必要である**

It turns out that being lucky comes down to hard work, and using your initiative, intuition and intelligence.

Put it into action

# 実践しよう！

## □自ら出会いの機会をつくる

幸運を手に入れるには、どのような機会をつくる必要があるのでしょうか？　私は、有名なビジネスコーチ・作家であるマーシャル・ゴールドスミスに自分の初めての著作の序文を書いてもらうために、幸運を引き寄せる行動をしました。彼と会って人となりを知るために、たくさんの労力と時間を費やしたのです。

あなたには、会いたい人がいますか？　その人と会う機会をつくるためには、どんなイベントに参加する必要がありますか？

幸運を引き寄せるためには、柔軟な発想であらゆる手段を講じるべきです。チャンスを生み出すために必要なのは、革新的な考え方だけです。私が15年前に香港で生活していたとき、サッカーチーム、レアル・マドリードが親善試合で現地を訪れました。当時のレアルには、デビッド・ベッカムをはじめとする世界的なスター選手が揃っていました。選手たちにどうしても会いたかった私は、香港サッカー協会に連絡してチームのために無料で通訳をしたいと申し出ました。すると、快く受け入れてもらえました。こうして私は、通訳の仕事を通してベッカムなどのスター選手たちに近づき、交流を楽しめたのです。これはまったくの偶然ではなく、私が意識的に引き寄せた幸運でした。唯一、運が良かったと言えるのは、過去に南米で働いていた時代に覚えたスペイン語が、レアルの選手とのコミュニケーションに役立ったということでした。

## □楽観的になり、自分の運を信じる

まずは、「私は幸運を得るに値する人間だ」と自分に言い聞かせることを始めましょう。全身全霊でそう信じましょう。馬鹿げているように聞こえるかもしれませんが、研究はその効果を裏付けています。あなたの周りに、いつも後ろ向きの考えばかりしているのに、次々と幸運を引き寄せている人はいますか？　おそらく、そんな人はいないはずです。

前述の心理学者リチャード・ワイズマンによる10年にわたる研究も、「運は自分の力で達成できる。幸運と悪運の大部分はその人の日頃の考え方の結果である」という結論を導いています。

お金持ちの習慣
44

# 常に「自分のバランスシート」に目を向けている

Keep a close eye on your balance sheet

**お金持ちになる人は資産を一目で把握していて、お金持ちにならない人は自分の資産総額を知らない**

「自分の純資産をまったく把握していない人がいるのは、大きな驚きだ」

あなたの個人的な経済状況を、会社経営にたとえてみましょう。あなたが自分のお金を管理しているのを、「○○（あなたの名前）株式会社」という会社を経営していると考えてみるのです。

では、そのときにまずしなければならないのは何でしょうか？　それは、会社の経営状況と財務状況を把握し、財務諸表を作成することです。

代表的な財務諸表には、「損益計算書」「キャッシュフロー計算書」「バランスシート（貸借対照表）」の3つがあります。

損益計算書には、売上、経費、利益を記録します。事業活動の収益性を示します。

キャッシュフロー計算書には、会社への現金の出入りを記録します。

損益計算書とキャッシュフロー計算書はどちらも重要です。しかし、さらに重要なのがバランスシートです。

バランスシートには、会社の所有物（資産）と返済義務があるもの（負債）をすべて記載します。資産と負債をすべて合計して差し引きすると、会社の「純資産」を算出できます。これは、その時点の会社の価値を意味します。

お金の格言

## 自分の経済状況を、会社経営にたとえて考えてみる

Imagine you're a company and your name is 'You Ltd' or 'You Inc.'

次に、純資産10万ドルの会社の簡易的な貸借対照表の例を示します。

単位：1000ドル

| | | | |
|---|---|---|---|
| **固定資産** | | **固定負債** | |
| 不動産 | 150 | 不動産ローン | 120 |
| 設備 | 200 | 他の長期ローン | 180 |
| 車両 | 50 | | |
| ＩＴ機器 | 40 | | |
| **固定資産合計** | **440** | **固定負債合計** | **300** |
| **流動資産** | | **流動負債** | |
| 銀行預金 | 10 | 税金（未払い） | 10 |
| 売掛金 | 20 | 買掛金 | 60 |
| **流動資産合計** | **30** | **流動負債合計** | **70** |
| **総資産（固定+流動）** | **470** | **総負債（固定+流動）** | **370** |
| **純資産（正味財産)＝**<br>総資産ー総負債 | | 470−370 | **100** |

注：「固定」とは、住宅や住宅ローンのような長期的または恒久的な性質を持つ資産や負債を意味します。「流動」とは、クレジットカードの請求のような、短期的に発生する売掛金（資産）や買掛金（負債）を指します。

# 実践しよう！
Put it into action

## □自分の純資産を把握しよう

自分の所有物（資産）と他人から借りているもの（負債）をすべて書き出し、現時点の純資産を把握してみましょう。

そのために、自分自身のバランスシートを作成します。エクセルの表計算シートやオンラインツール、アプリなどを使いましょう。一度作成すれば、その後の更新は簡単です。

資産とは、あなたにとって経済的な価値のあるものです。家、車、投資資産などの現在の価格を記録しましょう。

負債には、税金の請求や銀行の住宅ローンなどが含まれます。

個人的な資産と負債のすべてを思い出すのは大変かもしれません。代表的な項目を挙げますので、参考にしてください。

| 資産の例 | 負債の例 |
| --- | --- |
| ・家、土地、他の財産<br>・車、バイク、ボート<br>・コンピューター機器<br>・家具<br>・金融商品（例：株式、債券、投資信託）<br>・銀行残高<br>・年金<br>・経営している事業の価値 | ・住宅ローン<br>・学資ローン<br>・自動車ローン<br>・家族や友人からの借金<br>・銀行の当座貸越<br>・消費者金融での借金<br>・税金の請求<br>・クレジットカードの請求など支払い義務のあるもの |

## □将来の純資産の目標を持つ

現在の自分の純資産の価値を把握したら、それをいつまでにどのくらい増やしたいか、目標を設定しましょう。この目標は、「習慣3」で定めた目標とする資産の額と一致するようにします。

お金持ちの習慣 45

# 常に誠実でいる

Keep your integrity intact

## お金持ちになる人は誠実さを何より大切にし、お金持ちにならない人は簡単に嘘をつく

「砂の上に築かれた成功には、何の価値もない」

２０１８年末、日産、ルノー、三菱の３社連合のトップが解雇されました。世界有数のトップビジネスリーダーであるカルロス・ゴーンはそれまでの10年間、この自動車メーカーグループを成功に導くために多額の利益を稼ぎ出し、とてつもない成功を収めていました。ゴーンの転落は予想外のものでした。解雇の理由は、報酬額について税務当局に虚偽の報告をしていたこととされています。ゴーンは、砂の上に築かれた成功を手にしていたのです。同じようなケースはごまんとあります。

嘘やごまかしを用いて経済的な成功を手に入れようとする人は少なくありません。不正の手段はいくらでもあります。

- **年末のボーナスを満額で獲得したい、昇給や昇進を勝ちとりたい、といった目的のために、業績や売上などの数字を偽る。**
- **できるだけ高い価格で資産を手早く売却するために、故障している車を売ろうとしたり、隣の土地に開発計画があるのを隠して住宅を売ろうとしたりする。**
- **給料を上げようとして、資格を保有していると嘘をつく。**
- **銀行や投資家、顧客、取引先、家族に嘘をついて、融資を受けようとしたり、怪しげな商品を売ろうとしたり、支払いを遅らせたりする。**

常に誠実に行動しましょう。不正をしてはいけません。

**お金の格言**

## 「人は評判がすべて」であることを忘れない

Remember all you have is your reputation.

Put it into action

# 実践しよう！

## □不正行為に加担しない

観察力と注意力を養い、いかなる詐欺にも巻き込まれないように気をつけましょう。不正や非倫理的な行動を警戒し、察知するように努めます。インサイダー取引と疑われるような儲かる投資話をしてくる人や、年末に売上が増えるように数字をいじることを求めてくる上司など、私たちに不正を働かせようとする誘惑は、あちこちに潜んでいます。

こうした状況に直面したときには、きっぱりと断り、その相手から距離を置くべきです。そのために、日頃から心の準備をしておきましょう。また必要に応じて、警察などしかるべき組織に不正を報告する準備をしておきましょう。

## □周りの人の見本になる

周りの人に誠実に行動することの大切さを思い出させるように努めましょう。

お金持ちの習慣 46

# うまくいっているものを安易にいじらない

If it ain't broke …

## お金持ちになる人はうまくいっている投資は動かさず、お金持ちにならない人は手を加えて資産を減らす

「順調なものをいじろうとするたびに、予想外の何かがおかしくなる」

行動経済学者のブラッド・バーバーとテランス・オーディーンは、アメリカのデイトレーダー数千人のパフォーマンスを研究し、取引を多くしている人ほど手にする利益が少なくなることを明らかにしました。もっともアクティブなトレーダーは、もっともアクティブではないトレーダーよりも7％以上も投資成績が悪かったのです。

たしかに一般的に考えれば、現状に変更を加えようとする傾向が強みになる場合もあります。何かを変えたり、アレンジしたりすることで、大きな効果が得られるケースはいく

らでもあるでしょう。しかし、そうした傾向をそのまま資産運用に当てはめるのは危険です。それは、リターンを減らす可能性があります。

チャンスを逃すのを恐れるあまり、投資に関するアドバイスをすべて受け入れ、それに基づいて行動していれば、短期間で破産してしまうことだってありえます。

成功への最良の道は、忍耐力と長期的な視点を身につけることです。「ビッグチャンス」の話があるたびに、飛びつく必要はないのです。

**お金の格言**

## 「そのまま」が最善策の場合もある

Sometimes it's better just to leave well alone.

Put it into action

# 実践しよう！

## □投資のルールを確立する

投資は長期戦です。投資の世界には、資産を増やすためには、いったん設定したらあとはなるべく触らないほうがいいという意味の、「セット・アンド・フォゲット」という考え方があります。お金は動かせば動かすほど増えるとは限らないのです。

資金があり余るほどにあるのなら、大きな賭けに出てもいいかもしれません。しかし、そうでないのなら、堅実なアプローチをとるのが賢明です。

- **現在の投資資産にどれだけ満足しているかを考える。株式や債券など、各資産のリスクとリターンを分析し、なぜそのような形で投資をしているのかを確認する。**
- **どの投資資産を保有し、どれを現金化するのかを決め、新たな投資機会が到来したときの資金にめどをつけておく。**
- **新たな投資の機会が来ているのに気づいたら、自分にとって興味を持てるものかどうかを判断する。興味があると判断したら、その投資の長所と短所を詳しく調査する。**

**・この投資を行うのが資金の賢い使い方だと思える場合は、リターンや重要度の低い投資資産の現金化や、既存の現金または借入金を元手にして投資をする。**

## □うまくいっているものを変更すべきときもある

将来的に問題が発生することが予想される投資資産については、リスク管理の方針を調整すべきです。たとえば、現在は住宅市場が安定していても、将来的に価格が下落すると判断したのなら、手持ちの不動産を売却するのが正解かもしれません。

お金持ちの習慣
47

# 中古車を賢く買っている

Second-hand cars are wise investments

## お金持ちになる人はモノを資産ととらえて購入し、お金持ちにならない人はただモノを買う

「今年はあっても、来年にはなくなってしまう価値もある」

資産には、とても早く価値が減っていくものがあります。そのなかには、価値の下がり方に一定のパターンがあるため、簡単に予測できるものもあります。たとえば自動車やスマートフォンなどは、リセールバリュー（再販価格）の下落率が非常に予測しやすい商品です。冷蔵庫や食洗機、洗濯機などの白物家電も同じです。以下に例を示します（ここでは説明をわかりやすくするために、価格は相場とは変えてあります）。

| | 自動車 | 冷蔵庫 |
|---|---|---|
| 新規購入価格 | 1万ドル | 200ドル |
| 中古1年落ち | 8000ドル | 130ドル |
| 中古2年落ち | 6000ドル | 60ドル |
| 中古3年落ち | 4000ドル | 30ドル |
| 中古4年落ち | 2000ドル | 0ドル |

もちろん、この比率はブランドや国によって異なりますが、基本的なパターンは同じです。つまり、車も白物家電も、再販価格は年月の経過とともに急激かつ予測可能な形で低下します。

会計用語ではこれを減価償却や償却と呼びます。価格の下落は、これらの商品が経年劣化によって価値が落ちやすいことを意味しています。車や白物家電は特にこの傾向が当てはまるため、減価償却の割合が高い資産だと言えます。

このように、資産形成においては、投資したり大金を注ぎ込んだりすべきではないモノを見分けるのに、天才である必要はないのです。

お金の格言

# 値下がりを予測しやすい資産は、うまく管理する

Some assets lose their value very quickly, often in a way that's so uniform it can easily be predicted.

Put it into action

## 実践しよう！

### □「高価な新車を買う」理由はあるか？

すぐに価値が下がるとわかっているのに、なぜ新品を買うのでしょうか？　もちろん、新しい商品には魅力があります。誰でも最新型のものがほしくなるときはあるでしょう。とはいえ、あらゆるものを買うときに、無自覚に新品を求めようとするのは賢い選択ではありません。

## □値落ちしにくい資産に投資する

投資をするときは、確実かつ急速に値下がりするものは避けるべきです。投資では、様々な理由で価値が上がったり下がったりします。しかし、自動的に価値が下がるのがわかりきっている資産に大金を投じるのは無謀です。

車やレコードが好きな人は、レアなアンティークカーや古いレコードを購入するのを検討してみてはいかがでしょうか。こうしたモノは価値が落ちにくく、時間の経過とともに上がっていく場合もあります。この場合、車を買うことを投資とみなせるようになります。

お金持ちの習慣
48

# 自信と笑顔を絶やさない

Stand tall and smile

## お金持ちになる人は堂々としていて、お金持ちにならない人は自信なさげに振る舞う

「言葉だけがコミュニケーションの手段ではない」

ボディランゲージ（身振りやしぐさ）は、経済的な成功を手にするための強力な武器になります。

2018年にサイコロジカル・サイエンス誌に掲載されたハーバード大学のエイミー・カディの研究によれば、人は、堂々と胸を張って力強い姿勢をとると、そうしていない人に比べて実際に力強さを実感し、自信に満ちた行動をとれるようになります。

つまり、スーパーマンのような姿勢（背筋を伸ばし、両手の掌を腰に置いたり、真っす

ぐ伸ばした両腕を体から少し離したりする）をとると、本当に「パワー感」が高まるのです。

また、同誌に過去に掲載されたカリフォルニア大学バークレー校の心理学者マイケル・クラウスとダッハー・ケルトナーの研究によれば、非言語的なボディランゲージは人の社会経済的地位（ＳＥＳ＝資産やキャリア、学歴など）を表しています。

ボディランゲージを活用して、力強さや自信を感じられるようにしたり、人に好印象を与えたりしましょう。背筋を伸ばして立ち、はっきりと話し、ほほ笑みましょう。

また、発言や態度がボディランゲージと矛盾しないように気をつけましょう。ニューヨーク州のコルゲート大学の神経科学者によれば、身振りと一致していないと、人の発言の説得力は失われてしまいます。逆に言えば、私たちは相手の言葉だけを聞いているのではなく、その人の身振りやしぐさをとてもよく観察しているのです。

**お金の格言**

**スーパーマンのように振る舞えば、あなたもスーパーマンのようになれる！**

Act like Superman - and you can be Superman!

Put it into action

# 実践しよう！

## □第一印象がすべて

ジャニー・ウィリスとアレクサンダー・トドロフの研究によれば、人は10分の1秒というわずかな時間でも、時間の制約がまったくない場合でも、何かに対して同じような印象を抱く傾向があります。言い換えれば、私たちは瞬時のうちに、相手がどれだけ信頼できるか、真面目か、野心家か、自信家か、手強いかを的確に判断しているのです。

相手が誰であれ、最初の数秒が重要です。投資家、銀行員、取引先、顧客など、目の前にいる相手は、瞬時にあなたの印象を抱きます。次のことに注意しましょう。

**・十分な準備をする。服装、靴、髪型、化粧に気を配る。**

**・相手の目を見て、しっかりと握手をする。アイオワ大学の研究によれば、面接官は、弱々しい握手しかしない応募者よりも、しっかりと握手をする応募者に好印象を抱く。**

**・背筋を伸ばし、そわそわしない。キャリア情報サイト「CareerBuilder.com」による採用担当者2500人を対象にした調査によれば、そのうちの3分の1が、そわそわと落ち着きのない応**

募者は採用されにくくなると回答している。

## □相手のボディランゲージを読む

銀行員やビジネスパートナー、投資家などと交渉する際には、相手をよく観察しましょう。相手が何を言っているのかだけでなく、何を言っていないのかに注目します。相手のボディランゲージをうまく読みとれないのは、会話の半分を逃してしまうのと同じです。

お金持ちの習慣
49

# すぐに現金化できる資産を持っている

Avoid being locked in

## お金持ちになる人は資産の流動性のバランスを取り、お金持ちにならない人は偏った投資をする

「富とは、単なるお金の量ではない。それは幅広い選択肢と、それを実行できる自由があることだ」

一般的に、投資では価値が上がることと引き換えに、簡単には現金に変換できなかったり、現金化する場合にコストがかかる資産があります。ファイナンスの言葉では、簡単に現金化できる資産は「流動性が高い」、できにくい資産は「流動性が低い」と呼びます。

**・流動性の高い投資の代表例は、銀行預金である。いつでもお金を引き出せるが、その代わりに利息はわずかしかない。**

**・不動産投資は、売却しなければ資金を取り戻せないので流動性が低い。しかも、売却には時間がかかる。急いで売らなければならないときは、相場より売値が下がる可能性がある。もちろん不動産は、担保にする、賃貸に出す、などの現金化の方法もある。**

**・定期預金は中途解約しないとお金を引き出せず、かつ手数料を請求される場合が多い。預金期間中の利息のほとんどを失うケースもある。**

**・投資信託などは、満期前に解約しようとすると、高いペナルティを支払わなければならない場合がある。**

**・開始から数年間はお金を引き出せないタイプの投資もある。たとえば個人年金保険が挙げられる。これは生命保険と一緒に売られることの多い、流動性の低い金融商品である。**

流動性の低い資産ばかりでポートフォリオをつくっていると、急にお金が必要になったり、下落した資産価値の損切りをしたかったりしたときに、問題が生じてしまいます。

お金の格言

# 投資をするときは常に、どんな条件で現金化できるかを確認しておくこと

Always read the small print!

Put it into action

## 実践しよう！

### □投資先の条件を把握する

知らないうちに流動性の低い資産ばかりに投資してしまい、いざというときにお金を動かせなくなるのは避けましょう。投資をするときは、必ず条件の細かな項目をチェックします。

個人用のバランスシートをつくるときは、備考欄を加え、金融資産や投資資産のそれぞれについて次のことを短くまとめて書き込むようにします。

郵便はがき

料金受取人払郵便

渋谷局承認

6974

差出有効期間
2024年12月
31日まで
※切手を貼らずに
お出しください

150-8790

130

〈受取人〉
東京都渋谷区
神宮前 6-12-17
株式会社ダイヤモンド社
「愛読者係」行

| フリガナ | | 生年月日 | | 男・女 |
|---|---|---|---|---|
| お名前 | | T S H 年 月 日生 | 年齢 歳 | |
| ご勤務先 学校名 | | 所属・役職 学部・学年 | | |
| ご住所 (自宅・勤務先) | 〒<br>●電話 ( ) ●FAX ( )<br>●eメール・アドレス<br>( ) | | | |

**◆本書をご購入いただきまして、誠にありがとうございます。**

**本ハガキで取得させていただきますお客様の個人情報は、以下のガイドラインに基づいて、厳重に取り扱います。**

1, お客様より収集させていただいた個人情報は、より良い出版物、製品、サービスをつくるために編集の参考にさせていただきます。
2, お客様より収集させていただいた個人情報は、厳重に管理いたします。
3, お客様より収集させていただいた個人情報は、お客様の承諾を得た範囲を超えて使用いたしません。
4, お客様より収集させていただいた個人情報は、お客様の許可なく当社、当社関連会社以外の第三者に開示することはありません。
5, お客様から収集させていただいた情報を統計化した情報(購読者の平均年齢など)を第三者に開示することがあります。
6, お客様から収集させていただいた個人情報は、当社の新商品・サービス等のご案内に利用させていただきます。
7, メールによる情報、雑誌・書籍・サービスのご案内などは、お客様のご要請があればすみやかに中止いたします。

◆ダイヤモンド社より、弊社および関連会社・広告主からのご案内を送付することがあります。不要の場合は右の□に×をしてください。 不要 □

**①本書をお買い上げいただいた理由は？**
（新聞や雑誌で知って・タイトルにひかれて・著者や内容に興味がある　など）

**②本書についての感想、ご意見などをお聞かせください**
（よかったところ、悪かったところ・タイトル・著者・カバーデザイン・価格　など）

**③本書のなかで一番よかったところ、心に残ったひと言など**

**④最近読んで、よかった本・雑誌・記事・HPなどを教えてください**

**⑤「こんな本があったら絶対に買う」というものがありましたら**（解決したい悩みや、解消したい問題など）

**⑥あなたのご意見・ご感想を、広告などの書籍のPRに使用してもよろしいですか？**

1　実名で可　　2　匿名で可　　3　不可

※ご協力ありがとうございました。

【お金持ちがしている100の習慣】113080●3350

**・そのファンドや銀行預金などの投資資産は、どれくらい簡単に現金化できるか。解約する際の通知期間はどれくらいで、誰に、どんな方法で通知するかについても確認する。**

**・満期前に解約した場合に生じる罰則や手数料。**

これで、資産や投資を急いで動かす必要があるときのための準備が整います。

## □ある程度の現金は残しておく

資産のほとんどが非流動性のものである場合は、十分な量の現金を残すようにします。もちろん、ベッドの下で保管するのではなく、銀行口座などのアクセスしやすい場所に預けます。この本の「習慣19」を参考に、すぐに使える現金をどれくらい手元に残しておくかを決めましょう。

## □流動性の低い投資資産もバランス良く取り入れる

もちろん、十分な現金を手元に残しているのなら、簡単には取り崩せない長期的な投資資産に資金を投資するのも効果的な資産形成の方法になります。うまく組み合わせて資産を増やしましょう。

お金持ちの習慣
50

# 不労所得で自由をつくりだしている

Passive income is freedom

## お金持ちになる人は寝ているあいだにお金に働かせ、お金持ちにならない人はお金のために働かされる

「眠っているあいだにお金を稼げるのは、実に素晴らしい」

もし、突然仕事ができなくなったら、あなたはどうしますか？　どうやって収入を得て、生活をしていきますか？

本物のお金持ちは、仕事ができなくなっても、給料がもらえなくなっても、不安でパニックになったりはしません。不労所得（パッシブインカム）によってお金が入ってくる仕組みをつくっているからです。

不労所得とは文字通り、働かなくても得られる収入のことです。基本的には定期的かつ

安定して得られますが、金額やタイミングにばらつきがある場合もあります。最低限の労力をかけておけば、その後は大きな努力をしなくても収入が入ってくるものは、すべて不労所得だと言えます。例を見てみましょう。

**・購入または相続した家をリフォームして、不動産管理会社に貸し出し、管理を任せる。あとは、何もしなくても賃貸収入が入ってくる。**

**・評判の良い投資信託に投資する。四半期ごとの配当金と毎年の分配金が得られる。得た収入は同じ投資信託に再投資してもいいし、引き出して使ってもいい。再投資する方法は、預金口座の利息を複利で増やしていくのに似ている。**

**・サブスクリプション・モデルのビジネスに投資する。たとえば、スポーツジムの場合、会員が毎月支払う月会費によって安定した収益が見込める。経営に口を出さない（サイレント、または非アクティブな）株主になれば、何もしなくても年次の配当金を受けとれる。**

**お金の格言**

不労所得は、私たちが眠っていても、着実に収入を生みだし、資産を成長させてくれる

Passive income is income and capital growth that is generated continually, even while you're asleep!

Put it into action

# 実践しよう！

## □不労所得を得る計画を立てる

経済的な目標と自由をもたらす不労所得をつくり出すために、あなたには何が必要ですか？まずは自分の興味があること、実行できることから始めましょう。例を挙げます。

- **エアビーアンドビーなどの民泊サービスを利用して、不動産を貸し出す。**
- **優良企業の株式に投資し、安定した配当を得る。**
- **証券会社やファンドマネージャーに資産を預け、効率的に増やしてもらう。**
- **経営に関与しない投資家として、新興企業や中小企業に投資する。不労所得は保証されないかもしれないが、うまくいった場合は大きなリターンが見込める。**

## □週に数時間だけ働くことを目指す

不労所得を得る方法を決めたら、その収入源の管理にどれくらいの時間を費やすか、どれくらいの割合を専門家（証券会社の担当者、会計士、ファンドマネージャー）に外注するかを検討しましょう。その際、資産管理の時間の削減や合理化に役立つオンラインツールや投資サイト、アプリがあります。

## □元金を減らさない

元金は不労所得の源泉です。ですから、できる限り取り崩さないように細心の注意を払いましょう。元金を増やすのは簡単ではないかもしれません。収入を生まないものに投資したり、損切りに失敗したりするなどして元金の価値を下げてしまわないように気をつけましょう。

お金持ちの習慣51

# 情熱を注いでいる専門分野がある

Be a passionate expert

## お金持ちになる人は好きな道を追求し、お金持ちにならない人は興味のないことに手を出す

「大好きなことをしなさい。周りの人が、情熱を持って取り組むあなたのことを大好きになるくらいに」

お金持ちになりたいのなら、何かの専門家になりましょう。組織で働く場合でも、自営業者として働く場合でも、フルタイムの投資家として働く場合でも、専門性が高いほど収入は上がります。

専門的なスキルがある従業員は、企業にとって価値ある人材になります。専門性の高い自営業者は、事業を成功に導けます。デイトレーダーや不動産開発業者も、専門性を活かせば高いリターンが得られます。

専門性を高めるには、決意と努力が必要です。長い年月をかけて学校に通い、大量の本を読み、様々な人の教えに耳を傾け、実践を通じて経験を積まなければなりません。

専門家と呼ばれるようになるためにどのくらいの時間が必要かは、対象や個人によって様々です。よくいわれる「1万時間の法則（プロになるためには1万時間の練習が必要）」が、必ずしも当てはまるとは限りません。

専門家への道のりは長旅のようなものです。現在地を知っていれば旅が楽になるのと同じように、専門知識を身につけるときにも、現在の自分がどのレベルにいるのかを客観的な視点で把握しておくべきです。

**お金の格言**

「お金のことなら何でも知っている」というふりをしている人は、資産を増やせない

Pretending to know it all where money's involved is a sure way of losing it.

Put it into action

# 実践しよう！

## □専門分野を決める

ビル・ゲイツは、初期のコンピューター・オペレーティングシステムの専門家であり、今では全世界を対象にした慈善活動や健康問題の専門家になっています。『ハリー・ポッター』シリーズの著者として知られるJ・K・ローリングは、物語を創作する専門家です。

あなたは何の専門家でしょうか？　将来、専門にしたい分野はありますか？　これには、技術や学位、資格などの「ハードスキル」だけではなく、コミュニケーションやリーダーシップなどの定性的な「ソフトスキル」も含まれます。じっくりと考えてみましょう。

## □若い頃は、お金を増やすより専門性の向上を

20代では、お金を増やすよりも、様々な経験を積み、知識を深めながら、お金に関する基本的な考え方を身につけることが重要です。若い頃に培った専門性があなたの基盤となり、その後の人生で価値や富を生み出す源になるのです。

## □楽しみながら専門性を高める

専門家になるには、時間と労力が必要です。ですから、何かの専門家になろうと思っても、その対象を好きでないと努力は長続きしません。「好きこそものの上手なれ」という言葉もあります。自分が情熱を持てる分野で専門家になることを考えましょう（例外的なケースもあります。たとえば、法律事務所や会計事務所には、法律や会計が特に好きではない人が少なからずいます）。

## □知ったかぶりは慎む

世のなかには、その道の専門家でなければうまくできないことがあります。自分が専門家ではない分野で何かをするときは、最善の結果が得られないのもやむを得ないと考えましょう。専門性が高くないと、投資でも思うようなリターンが得られず、不動産経営の収益も少なく、事業を軌道に乗せるのに苦労することになるかもしれません。そのような場合は、お金を払って専門家の助けを借りることを検討しましょう。

お金持ちの
習慣
52

# 世間とは逆のことをしている

Turn your back on the herd

## お金持ちになる人はぶれない軸を持っていて、お金持ちにならない人は周りの意見に翻弄される

「貧しい人の真似をすれば、自分も貧しくなる」

世のなかの流れに逆らうのは簡単ではありません。私たちは、心理学で「社会的証明」と呼ばれているものが好きです。これは、誰かがすでにその価値を証明したもの、という意味です。つまり私たちは、みんながしているのと同じことをしようとするのです。

ペンシルベニア大学の心理学者ジョナ・バーガーによる実験では、「この商品はすでに誰かが買っている」と教えられた場合、そうでない場合に比べて10％多くの被験者がその商品を購入しました。

しかし、お金に関して言えば、逆のことが当てはまる場合があります。大多数の人がしているのと反対のことをすれば儲かる場合があるのです。世のなかのほとんどの人は経済的に成功しているわけではありません。しかし、あなたは成功しようとしています。だとすれば、人と同じことをすべきではないのです。

賢い投資家になり、富を築こうとするのならば、世間の声に惑わされず、自分で判断をしなければならないのです。

**お金の格言**

**他人と同じことをすべきときもある。だが、自分の道を進まなければならないときもある**

Sometimes you need to do what other people are doing; other times you need to go your own way.

Put it into action

# 実践しよう!

## □見聞きしたことが本当に正しいのかを確認する

世のなかには、いかにも本当らしい口ぶりで話をする人たちがいます。こうした人たちから自信たっぷりに何かを言われると、ついその考えをうのみにしてしまいそうになります。

**「え? この市況なのにポートフォリオに金《きん》がないの?」**
**「こんな下落相場なのに、この地域で物件を買ったんだって?」**
**「まだABC社の株を持ってるの? 私は先月売却したから、この会社の業績が悪くても夜は安心して眠っていられるよ」**

もちろん、他人のアドバイスにはできる限り耳を傾けるべきですし、良い意見は取り入れるべきです。しかし同時に、しっかりとした自分自身の考えや計画を持ち、リスク許容度を定めておくこともとても重要です。

## □逆張りすべきときと、そうでないときを見極める

流行に従うべきときもあれば、逆らうべきときもあります。難しいのは、そのタイミングを知ることです。あなたなら、以下のようなケースでどう行動しますか？

**・株を保有している企業の業績が大幅に傾いて倒産目前となり、株価が暴落している。投資家たちはみなこの会社の株を売却している。**

**・株を保有している、「フォーチュン500」（フォーチュン誌が毎年選ぶ、全米上位500社）にも名を連ねる歴史ある大手企業の年次の業績が低迷している。これを受けて売り注文が先行し、株価は下落している。**

どちらのシナリオでも、事実を分析し、様々なアドバイスを受けたうえで、自分自身で最適な決断を下さなければなりません。

最初の例では、株価がすぐに回復する可能性は低いと考えられるため、株式を保有し続ける理由を正当化するのは難しいと言えます。この場合、流れに乗るのが賢明な判断になるでしょう。

一方、2つ目の例では、現在の株価は下落してはいますが、分析の結果、この会社の株価と業績は長期的には上向くと判断できるケースはありえます。その場合は、今のトレンドに逆らって

株を保有し、さらにはこの相場を利用して買い増しすることが正しい判断になります。

資産形成では、試行錯誤し、良いアドバイスに耳を傾けながら学び、様々な状況でどう行動するかという知恵を深めていくことが大切です。

お金持ちの習慣
53

# 良質な情報に対価を支払っている

Excellent advice comes at a price

## お金持ちになる人は良質のアドバイスにお金を使い、お金持ちにならない人は質の悪い情報にしか触れない

「専門家に頼むのは高いと思ったら、素人に頼んで失敗したときの後始末のコストを想像してみればいい」

足を骨折したら、ベッドに横たわったまま、グーグル検索をして自分でできる治療法を探しますか？　それとも病院に行きますか？　楽なのはネットで調べるほうかもしれませんが、素人が生半可な知識で何かをしたところで、折れた骨は治せないでしょう。

これは、ファイナンスに関する助言でも同じです。

簡単な問題なら、ネット検索でわかることもあるでしょう。「普通預金口座の金利が一番高いのはどの銀行？」「人気のネット証券は？」「私が住んでいるアパートの賃貸利回り

はいくら？」といったレベルの疑問なら、それなりの情報が手に入るかもしれません。

しかし、もっと高度で複雑な問題を抱えているときは、専門的なアドバイスが必要です。たとえば、以下のような場合を考えてみましょう。

- **検討している様々な投資オプションが税金によって受ける影響を理解したい。**
- **自分のリスク許容度が知りたい。**
- **資産運用に関する幅広い選択肢を知りたい。**
- **年金制度を早期に利用し始めた場合のメリットとデメリットを理解したい。**
- **個人事業の確定申告や会社の決算を適切に行いたい。**
- **財産の保有形態を決めたい（自分名義にするか、会社名義にするか、信託にするか）。**

質の良い無料のサービスがないのは、医療の世界もファイナンスの世界も同じです。良質のアドバイスが得たいのなら、お金を払う必要があると考えておきましょう。

最近では、各国の政府は、ファイナンスに関する怪しげなアドバイスを規制するようになっています。アメリカには、ＣＦＰ（認定ファイナンシャルプランナー）のような資格制度がありますし、個人投資家がだまされるリスクを減らすための政府によるルールづくりなども行われています。

**お金の格言**

専門家のアドバイスには、お金を払う価値がある

Are you ready to pay for advice?

Put it into action

# 実践しよう！

## □専門家の有料サービスを今すぐ利用する

専門家の有料のアドバイスを利用するのは、特に、これまでこうしたプロのアドバイスを受けずに資産形成に取り組んできた人にとって有意義なお金の使い方になります。

**・自分の経済的な状況を見直すために、銀行のアドバイザーに相談する。**

・様々な専門家のアドバイスをどのようにして受けられるかを紹介しているウェブサイトを活用する。イギリスでは「www.moneyhelper.org.uk」、アメリカでは「www.wisebread.com」などがある。
・住宅ローンの最適な返済方法を検討するために、住宅ローンアドバイザーに相談する。
・税理士に、毎年の確定申告の確認や作成を依頼する。

## □重要な問題は相談する

資産形成のために、以下のようなトピックについて良質のアドバイスを受けることを検討してみましょう。

・財産の信託（国内、海外）への移動。合法的に納税額を最小限に抑え、相続をスムーズにする方法。
・定期的な金融市場についての専門的アドバイス（プライベートバンクや証券会社の担当者などから）。

積極的に専門家と会い、話を聞きましょう。資産額がプライベートバンクや証券会社が定める下限値に満たない場合は、顧客として扱ってもらえない場合もあるでしょう。しかし、強く希望すれば、たとえ一回限りであっても、本当に良いアドバイスや助けを得られることがあります。

## □ファミリーオフィスを設立する

ファミリーオフィスとは、財産管理のための専門家チームのことです。

今はまだ準備ができていないかもしれませんが、十分な資産を築き、そのための費用を出せるようになったら、すぐに設置しましょう。

２０１８年後半、エコノミスト誌は、「スーパーリッチはどのように投資をしているのか（How the super-rich invest）」と題した記事のなかで、次のように報告しています。「ファミリーオフィスはいつのまにか4兆ドルの資産を扱うようになり、投資界の一大勢力になっている。これはヘッジファンドよりも多く、世界の株式市場の価値の６％に相当する」

お金持ちの習慣 54

# 「ライフステージ」を意識している

There is a time and place

**お金持ちになる人は年齢に合った資産管理ができ、お金持ちにならない人は長期的な視点がない**

「今自分が人生の旅のどの段階にいるのかを理解したうえで経済的な計画を立て、それに沿って行動すべきだ」

私たちの人生をお金の面から見たとき、次の6つの段階に分けることができます（これはあくまでも一般例です。人によって生き方は異なりますので、自分の状況に合わせて考えてみてください）。

**1．生まれてから学校を出るまで**――親に経済的に依存しながら生活する。

**2．社会に出て働き始める**――経済的な自立はできるが、貯金には苦労する。

**3．初めて家を買う**――共働きのパートナーと暮らし始めることで世帯収入が増える。資産形成を始める。
**4．子供ができる**――子供の教育に投資をしながら、キャリアを積み、資産を増やす。
**5．子供が巣立つ**――現役の最後の数年を楽しむ。親が亡くなり、財産を相続する。
**6．定年退職する**――健康に気を配りながら、年金と投資収入で生活する。

あなたは今、人生のどの段階にいますか？　ライフステージのどの段階にいるのかを把握するのは、自分の経済的な状況を理解し、今後の段階に備えるために重要です。

20代や30代の人は、子供が巣立つことや、老後生活を送ることは想像しにくいかもしれません。しかし、誰でも加齢とともにライフステージは変わっていくのです。

人生の各段階に応じて、収入、支出、純資産は変化していきます。このことを理解し、経済的な計画、行動、目標に反映させていきましょう。

**お金の格言**

## ライフステージに合わせて資産を守り、増やしていく

During each phase of your life, protect and grow your wealth as much as possible.

Put it into action

# 実践しよう！

## □人生の各段階で純資産を最大化する

ライフステージの各段階では、それぞれ考慮すべきことがあります。

・学校の専攻を決めるときには、将来の就職にどうつながるかをよく考える。奨学金はできる限り少なく借りる。週末や長期休暇では就職に役立つ経験になるアルバイトをする。

・働き始めて給料が手に入るようになっても、散財したり、必要以上に高い家賃の部屋に住んだりしない。毎月の給料の一部を自動的に貯金する。お金がなかった学生時代の感覚を忘れず、生活費は抑える。もちろん、節約ばかりせずに旅行や趣味は楽しむ。ただし、そのときも費用対効果の高い方法を探すこと。

・給料が増えてきたら、ローン（学資ローン、住宅ローン、自動車ローン、クレジットカードなど）はできるだけ繰り上げ返済していこう。公的年金や会社の財形貯蓄以外にも、個人年金への積み立てを検討する。たとえばアメリカでは、確定拠出型年金（４０１〈k〉）への積み立てによって税制の優遇が得られ、将来の貯蓄を増やせる。

・パートナーと話し合い、財布を一緒にするか、別々にしておくかを決める。世帯として税金を賢く納めるための計画を立てる。
・子供がいる場合は、子供用の預金口座をつくる。国の子育て支援策などはしっかりと活用する（たとえば、イギリスには児童手当がある）。子供には、お金や貯蓄、ファイナンス全般についての教育をする。
・子供が巣立ったら、そのまま家に住み続けるか、その家を売ってもっと小さな家に引っ越し、売却したお金を資産運用に回して不労所得を増やすかを決める。
・引退前に、投資用不動産の住宅ローンを含むすべての負債を返済することを検討する。

お金持ちの習慣 55

# ローンはできるだけ早く返済する

Short-term pain for long-term gain

## お金持ちになる人はローンを早く返し、お金持ちにならない人は返済を先延ばしにする

「今日我慢した1ポンドは、明日の2ポンドになる」

今、楽な道ばかりを選んでいたら、将来の富は築けません。

世のなかには、「お金はできるだけたくさん借りたほうがいい。住宅ローンもできるだけ大きな額で組んで、返済期間はできるだけ長くしたほうがいい」という考えがありますが、これには大きな問題があります。

この考えに基づいてローンを組むと、借りたお金を返済し続けなければならないという義務を未来の自分に押しつけることになります。本当にそれでよいのでしょうか？

パートナーと一緒に、50万ドルの家を購入するケースを想像してみましょう。頭金として預金から5万ドルと、他の金融資産を取り崩して5万ドル、合計10万ドルを用意します。また、諸経費は他の資金ですべて支払えるとします。

２人の現在の給料を合わせると、毎月の住宅ローンの返済額を約３０００ドルにできる余裕があります。しかし、支払いを月額２０００ドルに抑えれば、より贅沢な生活を送れ、特に節約を意識する必要はありません。住宅ローンの固定金利は４％と仮定します。

借入金、頭金、返済期間、月額の支払いなど考慮すると、様々な住宅ローンの組み方が可能です。

次ページの表に挙げたパターンのなかで、どれがもっとも適切だと思いますか？

住宅ローンを組む際には、いくら借りるか、どのくらいの期間で完済するか、毎月の返済額をいくらにするかなどについての決断が求められます。

そのとき、「30年後の自分は、今日の自分の決断に感謝するだろうか？」という視点で考えることが大切です。

**お金の格言**

## 将来の富のために、今を我慢することも大切である

You have to make sacrifices today for your future wealth.

| パターン | 借入金 | 頭金 | 返済期間 | 月々の返済額 | 支払う利子の総額 |
| --- | --- | --- | --- | --- | --- |
| A | 45万ドル | 5万ドル | 30年 | 2148ドル | 32万3413ドル |
| B | 40万ドル | 10万ドル | 30年 | 1910ドル | 28万7578ドル |
| C | 45万ドル | 5万ドル | 20年 | 2727ドル | 20万4459ドル |
| D | 40万ドル | 10万ドル | 20年 | 2424ドル | 18万1741ドル |
| E | 45万ドル | 5万ドル | 15年 | 3329ドル | 14万9147ドル |
| F | 40万ドル | 10万ドル | 15年 | 2959ドル | 13万2575ドル |

Put it into action

# 実践しよう！

## □今、どれだけ我慢できるだろうか？

前述の例では、次のことを考えてみましょう。

・今までと同じ豊かな生活水準を保つために、月々のローンの返済額を減らして、毎月の可処分所得を増やすことはできる。しかし、そうすることは、人生トータルで考えたときにどれくらいメリットがあるだろうか？　住宅ローンを早めに返済するために、今は少し贅沢を控えられないだろうか？　今は苦しくても、近い将来に自分やパートナーの昇進や昇給が考えられるなら、それによって毎月の返済が楽になるかもしれない。そのあたりのことも考えよう。

・預金とは別に資産を取り崩して用意した追加の5万ドルを他の投資に使ったとしたら、どれくらいのリターンを手にできるだろうか？　頭金に使った場合と比べて、どちらが得になるだろうか？　手持ちの10万ドルをすべて頭金にした場合、いざというときのための予備のお金がなくなるが、それでもかまわないか？

・ローンの返済期間を30年に設定すると、15年や20年の場合に比べて、月々の返済額や支払う利子の総額の面で大きな差が生じる。そのことを考えたとき、ローンを早く完済したほうがいいと思うだろうか？ それでも30年かけて完済したほうが良いと思うだろうか？ 年齢によっては、ローンを完済する前にリタイアする可能性もあることを考慮しなければならない。

## □住宅ローンを早く完済するメリットを理解する

短期間で住宅ローンを完済することには様々なメリットがあります。

・早い段階で家を完全に所有できる。物件の価値すべてが自分の資産になる。
・元本の大半を返済していると、将来的に家の売却やリフォームがしやすくなる（住宅ローンには、利子のみの返済を求めるものがある。このようなローンはお勧めできない。返済額が少ないので最初は魅力的に思えるかもしれないが、元本が減らず、後々苦しくなってしまう）。
・長期間で住宅ローンを返済する場合よりも、家の価格が下落したときに、家の担保評価額がローン残高より少なくなる、「ネガティブエクイティ（マイナス資産）」の問題が起こりにくい。
・将来、経済的に苦しくなったら、住宅ローンを組み替えれば支払期間を延ばせる。

お金持ちの習慣 56

# 娯楽よりも学びに時間を使っている

Be educated not entertained

**お金持ちになる人は知的で豊かな時間を過ごし、お金持ちにならない人は娯楽にふけり時間をつぶす**

「裕福な人の家にはテレビが1台しかなくて本が山ほどあり、貧乏な人の家にはテレビが何台もあるが本棚がない」

あなたは夜、テレビを見て時間を過ごしていますか？　それとも読書をしていますか？月に何冊くらい、ノンフィクションの書籍や専門誌を読みますか？

正確なデータはありませんが、私は読書とお金持ちのあいだには間違いなく相関関係があると考えています。私が知っている富裕層の人たちも全員、成功のためには学びと読書が絶対に欠かせないと考えています。

**・香港の実業家である李嘉誠《りかせい》は、知識が人の運命を決めると述べている。貧しい家庭に生まれながら、努力をして世界で指折りの大富豪になった彼は、学ぶことの価値を誰よりも知っている。**

**・マイクロソフトの元会長ビル・ゲイツは、「読書は世界に対する好奇心をかきたてる。それは私のキャリアと現在財団を通じて行っている慈善活動の推進力になっている」と語っている。**

**・ヴァージン・グループの会長リチャード・ブランソンは、「読書によって、他人が成し遂げたことを知り、自分に合うものを取り入れ、人生に活かしていくことが大切だ」とアドバイスしている。**

では、読書を通じた生涯学習だけでなく、正規の教育を受けることは、裕福さとどう関連しているのでしょうか?

研究によって、大学を卒業した人のほうが、中退した人よりも収入が高いことがわかっています。２０１４年のピュー・リサーチ・センターの調査によれば、アメリカでは高卒者と大卒者の年収差の中央値は約１万７５００ドル。イギリス教育省の２０１６年の調査によれば、現役世代（16～64歳）の大学卒業者は非卒業者より年収が平均９５００ポンド多くなり、大学院卒は大卒者よりも年収が平均6000ポンド多くなります。

ただし、この差は専攻科目によっても大きく異なりますし、収入が高くなったからといって、経済的自由の達成が保証されるわけでもありません。

さらに言えば、学校をドロップアウトして成功をつかみとる優秀な人もいます。たとえば、超富裕層の多くが16歳や18歳で学校を辞めています。これらの人々は、大学にすら通う時間がもったいないと判断したのです。

**お金の格言**

**習慣を変えるのは難しい。だが、日々学び続ければ、大きな見返りが期待できる**

Changing habits is not easy but is an effort that will pay off handsomely.

Put it into action

# 実践しよう！

## □学習習慣を身につける

完全に習慣として定着させるには数年かかる場合があるかもしれませんが、1日最低30分は読書や勉強の時間にあてるようにしましょう。新しい考えを取り入れたり、新しいテクニックを学んだりできるため、大きな見返りが得られるでしょう。経済誌や経済新聞などにも目を通しましょう。英語圏では、Ｉｎｃ誌、インベスターズクロニクル誌、ハーバード・ビジネス・レビュー誌、エコノミスト誌、モノクル誌、タイム誌、ストラテジー・プラス誌、フィナンシャルタイムズ紙などが有名です。世界各国の記事を読めば、新しく思いもよらないアイデアやビジネスをたくさん発見するはずです。

## □学びを日常のなかに取り入れる

楽しみながら日常のなかに学びを取り入れていきましょう。手始めとして、以下のことを試してみましょう。

・起業家の伝記を読む。
・企業の年次報告書を習慣的に読む。そこで得た知識を、買うべき株を選ぶのに役立てる。
・イノベーションやデザイン思考、創造性をテーマにした本を読み、仕事に役立てる。
・自己啓発書を読み、コミュニケーション能力や自尊心、営業力を高める。

## □エクササイズ感覚で勉強する

「1日30分の頭の体操」を日課にして、読書や勉強をしましょう。Kindle や iPad を使う、通勤時にオーディオブックを聴くなどして、隙間時間を活用しましょう。速読をするのもいいでしょう。生涯学び続ける人になるために、様々な工夫をしながら継続的に勉強していきましょう。

お金持ちの習慣
57

# 経済ニュースに煽られない

Do not be swayed by doom and gloom

## お金持ちになる人は派手な見出しに踊らされず、お金持ちにならない人はニュースを真に受け損する

「誰かが交通事故で死んだら、あなたは車を売り、二度と運転しなくなるのか？」

私たちは毎週、あらゆる種類のニュース記事の見出しを目にしています。

**「株価下落　今年の利益はすべて帳消し」**
**「原油価格が暴落　世界市場に衝撃」**
**「EU離脱でイギリスが経済崩壊の危機」**
**「ユーロ圏　膨らむ負債で迫る崩壊リスク」**

メディアは読者の不安や恐怖を煽るような見出しが大好きです。新聞社やテレビ局にとって、株価指数や通貨、不動産価格の急落を示すグラフほど刺激的で胸が躍るものはありません。こうした記事を掲載するほど新聞や雑誌は売れ、番組の視聴率は上がるからです。こうしたニュースで毎日のように不安を煽られている人たちが、お金をベッドの下に隠さず、金融資産に投資しているのが不思議なくらいです。

もちろん、私たちは世のなかで何が起きているのかに目を配らなければなりません。しかし、メディアが伝えることをうのみにすべきではありません。資産を守るためには、ニュースに一喜一憂しすぎないことが重要です。

たとえば、メディアが「ディーゼル車は近い将来になくなる」という見出しのニュースを伝えていたとしても、急いで自動車関連企業の株式や社債を売らなければならないわけではありません。私たちは、ニュースが伝える情報に踊らされるのではなく、その裏側にある真実に目を向けるべきなのです。

お金の格言

# 投資している金融商品や企業の事実とファンダメンタルズ（財務状況などの基礎的指標）へ冷静に目を向けるべし

Understand the facts and fundamentals of the financial products and businesses you are investing in beyond the shock headlines.

Put it into action

## 実践しよう！

### □ファンダメンタルズを知る

対象となる投資先のファンダメンタルズを分析し、その結果に基づいて冷静な投資判断をしましょう。データから、その資産の健全性や価格、将来性を読みとりましょう。投資対象の企業について分析する場合、ファンダメンタルズには以下のような要素が含まれます。

- **収益基盤の安定性**
- **当該市場の競争の激しさ**
- **原材料費や供給に関する懸念事項**
- **利益率**
- **製品パイプライン、研究開発、設備投資の状況**
- **負債の規模、種類、満期**
- **キャッシュフロー（配当金の支払いや自社株買いの規則性と規模を含む）**
- **その企業が不況にどれだけ強いか**

財務諸表や財務比率（詳しくは後の章で説明します）について学ぶと、企業のファンダメンタルズを理解する能力は大幅に高まります。

インデックスファンド（ナスダックやＦＴＳＥ１００など）、個別株、外国為替などの資産については、過去の値動きの推移だけでなく、株式の取引量を示すチャートを理解して、現在の値動きが維持されるかどうかを判断する必要もあります。

## □ポジティブすぎるニュースにも注意

同じロジックは、メディアや金融アナリストが投資商品、指数についての良い話をしているときにも当てはまります。株価が下落しているときと同じように、冷静になってファンダメンタルズを見てみましょう。

とはいえチャートやファンダメンタルズの分析は、大きな手間と時間がかかるものです。自分ではわからない場合は、専門家にアドバイスを求めましょう。そのために、世のなかにはファンドマネージャーという仕事が存在します。株が苦手な人は、こうしたプロにお金を払って知恵を借り、自分は得意分野（不動産など）の資産運用に注力するという方法もあります。

お金持ちの習慣
58

# 好きなものに投資をしている

Invest in things you enjoy

## お金持ちになる人は好きなことに熱中し、お金持ちにならない人は嫌なことを無理して続ける

「持っていて幸せなものだけに投資して、どうしても必要にならない限りは取り崩さない」

嫌でたまらない仕事をしていたら、成功はできません。楽しくない仕事をしていると、能力も高まりませんし、成果も出ません。「嫌だ嫌だ」と思いながら働いていると、退屈し、仕事が雑になり、ミスをしやすくなります。当然、創意工夫をしようという意欲も湧きません。嫌いなことをして富を築いた百万長者や億万長者はいないのです。

世のなかには、おもしろくない仕事しかないわけではありません。誰にとっても、楽しみながらお金を稼ぐ方法はあるものです。楽しみながら何かをして、結果としてお金が得

られるような形が理想的です。私の場合、次のようなことがそれに当てはまります。

- **古い不動産を買ってリノベーションし、賃貸に出したり、売ったりする。**
- **読者に良い刺激を与えられるような本を書き、印税収入や講演料を得る。**
- **コーチングと研修を提供するビジネスを経営する。**

このように、私は好きなことをしてお金を稼いでいます。しかも、この好きな仕事のなかでも、選り好みをしています。購入してリノベーションするのは自分が住みたいと思える物件だけですし（実際に住むこともあります）、興味のあるテーマでしか本を書きません。コーチングやメンタリングは、一緒にいることを楽しめる人に対してしか提供しません。

**お金の格言**

「自分にとって、お金が後からついてくるような、楽しみながら稼げることは何だろう？」と考える

What do you enjoy doing that could make money as a byproduct?

Put it into action

# 実践しよう！

## □好きなことを見つけるためにまず「やってみる」

何かを楽しめるかどうかは、実際にやってみるまではわからないものです。「おもしろそうだな」と感じたり、誰かが熱中していることに興味を持ったりすることはあるでしょう。ただ、自分がそのことにどれだけ情熱を持ち、夢中になれるかは、体験してみて初めて実感できるのです。とはいえ、バランスのとれた客観的な考えを持てるようになるには時間がかかるものです。最初は目新しさに惹かれて、新しいものを始めた感覚を楽しんでいるだけかもしれません。逆に初心者のときは「自分には無理だ」と感じ、簡単にあきらめてしまうことがあるかもしれません。

## □楽しければつらいときも乗り切れる

投資対象そのものを楽しめれば、相場が下落して手放したり売ったりできなくなったときにも、苦しい時期を乗り切りやすくなります。好きな資産や金融商品、不動産を持っていれば、それだけで幸せな気持ちになれます。嫌いなものを持っているのとは大きな違いがあります。

## □時には、お金を優先させる

とはいえ、あなたが最大限にお金を儲けられるチャンスは、必ずしも自分にとって魅力的な資産や企業にあるとは限りません。時には、お金を増やすことを優先させるべき場合もあります。だからこそ、それ以外のときは愛するものに集中できるようになるのです。不動産、スタートアップ企業、デリバティブ（金融派生商品）、プットオプション（売り付け選択権）など、なんであれ心がわくわくするようなものに投資をしたいものです。

お金持ちの習慣 59

# 短時間で効率的に仕事をしている

Work smart

## お金持ちになる人は集中して働き、お金持ちにならない人はダラダラと働き続ける

「お金があれば、さらに多くのお金をつくれる。だが、どれだけお金があっても、無駄に過ごしてしまった時間は取り戻せない」

働き過ぎて燃え尽きてしまえば、いくらお金を稼いでも充実した時間は過ごせません。

1年中休みなく朝から晩まで仕事をしていれば、誰でも燃え尽きてしまいます。頑張りすぎていないか、自分のことをよく観察してみましょう。朝5時に起きてから夜遅くに疲れ果てて寝るまで、いくつもの目標を追いかけ、抱えきれないほどの「やることリスト」を終わらせようと必死になっていませんか？

もちろん、誰でもとても忙しい状況に陥るときはあります。しかし、それが当たり前になってしまってはいけません。そんなときは、ブレーキをかけるべきです。

立ち止まり、充電しながら様々なことについてじっくりと考える時間をつくりましょう。世界の大富豪が仕事と人生のバランスをとっている方法を参考にしましょう。ヴァージン・グループ会長のリチャード・ブランソンは自らが保有するプライベートアイランド「ネッカー島」での朝の散歩と読書から1日を始めます。俳優のジェリー・サインフェルドはどんなに忙しくても毎日、瞑想を欠かしません。

経済的な目標を持つことには大きな意義があります。しかし、決して目標の奴隷になってはいけません。たしかに、富を築くために懸命な努力が必要ですが、それはただ長時間働けばいいというものではありません。大切なのは、頭を使って効率的に働くことです。仕事は効率的に短時間で取り組み、快適で無理なく続けましょう。時間に追われて人間らしい生活を失うことなく、重要なことを成し遂げられるようになります。

**お金の格言**

**真の豊かさを測る基準は、お金の多さではなく、どれだけ豊かな時間を過ごしているかである**

True wealth is not measured in financial terms but in having time.

Put it into action

# 実践しよう！

## □時間の使い方に厳しくなる

働き方を問わず（従業員、投資家、起業家）、時間は賢く使いましょう。自分の1日の働き方を振り返り、望ましい時間の使い方を考えてみます。

## □自分のためになる行動と、不要な行動を見極める

1日の行動をよく観察し、無駄な仕事はできるだけ減らすようにしましょう。

- **集中力の妨げになる、重要度の低い雑事はないか？**
- **きっぱりとやめたり、短縮したりできる仕事はないか？**
- **会議が多すぎないか？　参加をやめる、あるいは自分に関係のある議題のときだけ部分的に参加できないか？**

## □自動化、外注、委任で時間を節約する

働きながら資産をつくるためには、日中仕事をしながら、投資にも時間と労力をかけなくてはならないので、時間的な制約が生じやすくなります。自分が抱えている仕事のなかで、簡単かつコストパフォーマンスがいい形で、仕事内容を変えたり、自動化したり、他人に任せたりできるものがないか検討しましょう。例を挙げます。

- **税理士に帳簿を管理してもらう。**
- **不動産管理会社に物件を管理してもらう。**
- **銀行の自動化サービスを活用する。**

## □チームを構築する

1人ですべてをできる人はいません。後の章では、経済的な目標を実現するために人を雇う方法について詳しく説明します。

お金持ちの習慣 60

# 人の話をよく聞いている

Are you listening?

## お金持ちになる人は人の話に耳を傾け、お金持ちにならない人は我流で失敗する

「真の成功者は、誰もが聞き上手である」

「（私はあなたの話を）聞いているよ」と誰かが言うとき、私はいつも思わず苦笑してしまいます。単に人の話が聞こえているのと、人の話に真摯に耳を傾けるのは大違いです。「相手の話に真摯に耳を傾ける」とは、内容を正しく理解し、学び、自分の日々の思考にそれを活かしていくことです。

富を築くためには、聞き上手であることが欠かせません。人の話を聞く耳がなければ、悲惨な結果を招くからです。ファイナンシャルアドバイザーの忠告に従わずに間違った商品に投資する、大切な顧客の懸念事項を誤解して信頼を失う、要望に耳を貸さないためにテナントが出ていく、といった失敗が簡単に起きてしまいます。

人は、「自分は人の話をきちんと聞いている」と考えがちです。アクセンチュアによる2015年のグローバル調査によれば、調査対象者の96%が「私は聞き上手である」と答えましたが、同時に「気が散りやすい、一度に複数のタスクをすることが多い」とも答えています。つまりたいていの人は、人の話を聞いているようで、真摯に耳を傾けてはいないのです。ラルフ・ニコルズとレナード・スティーブンスによるミネソタ大学の研究も、「人は、本人がどれだけ注意深く相手の話を聞いていると思っていても、話を聞いた直後でさえ、聞いたことの約半分しか覚えていない」と結論づけています。

人の話に耳を傾けるのは簡単ではありません。私たちの頭のなかでは常に様々な考えが浮かんでは消えていきます。過去や未来のことが気になり、目の前の人の話に集中し切れません。不安や心配もたくさん抱えています。

しかし嬉しいことに、「アクティブリスニング」と呼ばれる、人の話を集中して聞くためのスキルは、訓練すれば簡単に習得できます。

お金の格言

より善い人間になり、裕福になるためには、人の話を聞く方法を学ばなければならない

Be a better - and wealthier - person: learn to listen!

Put it into action

# 実践しよう！

## □アクティブリスニングの練習をする

積極的に人の話に耳を傾ける「アクティブリスニング」を実践すれば、あなたにも相手にも良い効果が生じます。相手は自分が尊重されていると感じ、さらに熱心に話をします。そのおかげで、あなたもさらに良い情報が得られるようになるのです。相手の話を聞くときは、次のことに注意しましょう。

・集中する。姿勢をやたらと変えたりせず、じっと人の話を聞く。携帯電話はしまい、相手の顔を見る。電話で話を聞くときは、目を閉じて相手の声に集中する。ビデオ会議では、画面の中の相手をしっかりと見る。
・「聞いている」と相手に示す。うなずく、同意を示す、「はい」「なるほど」などあいづちを入れる。相手の話を遮らない。
・相手が話しているときは、それに対して次に自分が言うことを頭に浮かべず、聞くことに集中する。
・相手が話し終えたら、まず話の内容を頭のなかで整理する。
・意見を述べる前に、まず相手と自分にその話題についての共通の理解があることを確認する。
・相手に、「私はあなたの話をきちんと理解しながら聞いていますよ」ということを態度で示す。相手の話を要約して伝え、お互いに内容を確認しながら会話を進める。
・相手に質問をして、正しく理解しているか確認する。これは、お互いが感情的なときや、言葉の意味が100%明確で客観的でないときにはとても重要である。
・会話を終えたら、内容をすぐにメモする。要約を相手にメールで送り、双方の認識に相違がないか確認する。

お金持ちの習慣
61

# きちんと納税している

No cheating on your taxes

## お金持ちになる人は正しく納税して晴れやかに生き、お金持ちにならない人は税金をごまかし後ろめたさを感じている

「税金は、現代社会で生きるために支払わなければならない代償である」

お金について語るのなら、税金の話は避けては通れません。

これは、あまり人気のある話題ではありません。税金を払うのが好きでたまらない人などいないのではないでしょうか。みんな、できることなら払いたくないと思っています。

「できる限り税金を払わない方法」についてのアドバイスは世のなかにあふれています。

もちろん、賢く節税することは資産を築くうえで大切です。しかし、不正はいけません。「私は法律を守り、社会に貢献している」という安心感がなければ、本物の資産家にはなれないのです。

それでもまだ税金を払いたくないのなら、脱税して捕まった人たちのことを考えてみましょう。毎年何十人もの大金持ちが脱税で訴えられ、罰金や訴訟費用、追徴金を払っています。当然ながら、脱税はその人の評判を落としますし、将来の収入源を失うことにもつながります。

税金は常に白黒はっきりしているわけではありません。ときには、自分が不正行為をしていると気づかない場合もあります。脱税をしていながら、「私は合法的な方法で節税をしている」と思っているだけかもしれないのです。税金は、正しく納めましょう。

**お金の格言**

**税金をごまかした人に真のお金持ちはいない**

No one gets rich avoiding taxes - so don't be a mug.

Put it into action

# 実践しよう！

## □適切な額の税金を支払う

税金をできる限り回避する方法はいくらでもあります。ペーパーカンパニー、オフショア投資、信託、収入の扱い方の変更、各種控除の利用、法律の抜け穴を探す――といった方法を駆使すれば、納税額を極端に減らすことも可能です。ブルームバーグによれば、グーグルは2016年だけでもアイルランドやオランダ、バミューダなどにあるペーパーカンパニーを利用し合法的に37億ドルもの大金を節税しています。富裕層は専門家に多額の報酬を払い、法律の範囲内に留まるようにしながら納税額を最小限に抑えようとします。あなたも同じことができます。当然ながら、必要以上に税金を支払う必要はないのです。

ただし、厳密には合法だとは言えても、モラルに反したような節税方法には注意しましょう。こうした方法を使えば、税金の支払額を大幅に減らせるかもしれません。しかし、あなたはそれが正しい行いではないと知っています。やましい気持ちで生きていくのは、つらいものです。正しい価値観に基づいて納税し、晴れやかな気持ちで生きていきましょう。正当な控除は利用しても、怪しげな方法には手を出すべきではありません。

## □非課税貯蓄制度を最大限に活用する

世界の様々な国で、非課税貯蓄制度が導入されています。自分の国の制度を利用できないか、調べてみましょう。イギリスでは、毎年一定の限度額まで個人貯蓄口座（ＩＳＡ）で投資できます。この貯蓄は非課税で、利息も得られます。２０１８／１９税務年度の限度額は2万ポンドであり、各種のＩＳＡと組み合わせて投資できます（例：キャッシュＩＳＡで７０００ポンド、革新的なファイナンスＩＳＡで３０００ポンド、株式ＩＳＡで1万ポンド）。

## □正確に申告する

資産と収入が増えてきたら、毎年の確定申告の作成を税理士などの専門家に依頼してもいいでしょう。収入と経費は正しく申告しましょう。「税理士は顧客である自分のために収入を少なく申告し、控除を過度に請求してくれるだろう」という甘い考えは持つべきではありません。専門家はそのような不正行為に加担してはくれません。

お金持ちの習慣
62

# 独立の機会を見極めている

Know when to quit your day job

## お金持ちになる人は着々と独立の準備を進め、お金持ちにならない人はただ会社にしがみつく

「自分の目標や夢に向かって働くのか、それとも給料をもらうことと引き換えに他人の目標や夢のために働くのか」

今日の富裕層のほとんどは、もともとは給料をもらって働いていたが、その後で独立して自分でビジネスを始めたり、本格的に投資を始めたりした人たちです。もちろん、組織に属しながら高収入を得て富裕層になる人もいます。ただし一般的には、それを実現できるのは一部の職業に限られています（投資銀行や証券会社、ＩＴ企業に勤める、弁護士や会計士、外科医、建築士として組織で働く、など）。

組織で働く従業員の年収は、それほど高くはありません。アメリカの場合、全従業員の

年収中央値は6万1000ドル、25歳だと3万4000ドルです（2018年の国勢調査）。イギリスの場合、全従業員の平均年収は2万7271ポンドです（2017年の国家統計局による調査）。

昼間の仕事を思い切って辞めることが、経済的な夢を叶えるための大きな一歩になる場合もあります。積極的に挑戦することで夢をつかんだ富裕層の実例はたくさんあります。たとえばポッドキャストの人気番組『Ctrl Alt Delete』やベストセラー書でその名を知られるようになった作家のエマ・ギャノン。彼女は、自分の夢の実現を追い求めて、ロンドンの出版グループ「コンデナスト」での恵まれた仕事を辞めました。大企業のネスレを退職し、アメリカで「ウェッツェル・プレッツェル」という食品チェーンをつくったリック・ウェッツェルとビル・フェルプスの成功物語も有名です。

夢の実現のために思い切って一歩を踏み出した人たちの体験談を探してみましょう。きっと刺激を受けるはずです。アイデアと情熱だけでゼロからのスタートを切り、富と充実した人生を手にした人たちの生き方は、大きな感動を与えてくれます。

あなたは、死ぬまで組織で働き続けますか？　それとも、独立までの期限を定め、お金持ちになるための準備をしながら働きますか？　あるいは、今すぐにでも会社を飛び出して、勝負に出ますか？

お金の格言

組織勤めか、独立か
――何が自分にとって正しいのかを
知ることが重要だ

Your challenge is to know what’s the right thing for you.

Put it into action
実践しよう!

□本当の動機をよく考える

独立したいのなら、動機についてよく考えてみましょう。独立は表向きの理由で、本当は単に嫌な会社勤めから逃げようとしているだけなのかもしれません。「私は本当に資産を増やし、人生でやりたいことを実現させるために退職しようとしているのか?」と自問してみましょう。

## □入念な準備をする

無計画に会社を辞めるべきではありません。在職中にしっかりと退職後の準備をしましょう。できれば副業としてビジネスを始め、本業に切り替えられるくらいに稼げるようにしておくのが理想的です。安定した身分のうちに、次のような独立の準備を進めておきましょう。

- **現在の仕事を通じてスキルを磨く。**
- **仕事外の時間を使って勉強し、資格を取得する。**
- **人脈を広げ、学びの機会を得る。**
- **目標とするビジネスを会社員のうちに副業として始める。**

## □「完璧なタイミングはない」と心得る

辞めるタイミングをずるずると引き延ばすべきではありません。いつかは決断が必要です。アドバイスや励まし、サポートをしてくれるメンターや友人を探し、相談に乗ってもらいましょう。

## □自分が独立に向いているかどうかを確認する

もちろん、組織に留まることが良い場合もあります。独立すれば生活は不安定になりますし、リスクやストレスも増えます。お金も自分で管理しなければなりません。誰もが、そのような自営業者としての生き方に向いているとは限らないのです。今の仕事を辞めるべきか、じっくりと時間をかけてよく考えましょう。その結果、「自分には組織勤めが合っている」と納得できたのなら、それを受け入れたうえで、資産を増やす方法を探っていきましょう。

お金持ちの習慣
63

# 増えた収入を貯金や投資に回している

Watch out for 'lifestyle creep'

**お金持ちになる人は収益を再投資に回し、お金持ちにならない人は儲けをすぐに使い果たす**

「人に見せびらかすためにものを買うべきではない。自分が思っているほど、人はあなたのことなど気にしていないのだから」

ビル・ゲイツはブルームバーグのインタビューで、1970年代後半にマイクロソフトを成功させて得たお金で、初めての車としてポルシェ911を購入したことを回想しています。

あなたは、もし資産が増え始めたらどうしたいですか？　生活レベルを上げたいですか？　最新のスポーツカーや大きな家、クラブの会員権を買いたいですか？　リゾートで優雅な休日を過ごし、オーダーメイドの服を着て、子供を名門私立学校に通わせますか？「頑張って自分で得たお金なのだから、自由に使って何が悪い」と思うかもしれません。もちろん、あなたのお金の使い方について指図する権利は誰にもありません。しかし、立ち止まって少し考えてみてください。資産が増えたからといって、すでに車を所有しているのに、必ずしも高級車に乗り換えなくてもいいはずです。気に入った家に住んでいるのに、慌てて高級住宅地に引っ越さなくてもいいはずです。

急に大金を手にして浮かれ、「さあ、何もかも高級品に買い換えよう」と思ってしまうのは危険です。このように、増えた収入に合わせて支出を増やそうとすることを、「ライフスタイル・クリープ」と呼びます。宝くじの当選者の多くが数年以内に全財産を失ってしまうのも、このライフスタイル・クリープが原因です。

資産が増えたからといって、無理に生活レベルを上げる必要はありません。人の目を気にして、高級品を買う必要はないのです。本当に必要なものだけを買い、自分の価値観に合った生活をすればよいのです。世界屈指の大富豪である投資家のウォーレン・バフェットは、1958年に3万1500ドルで買った家に今も住み、2014年式の大衆車キャデラックXTSに乗っているそうです。

お金の格言

「自尊心の低さや不安を隠すために金遣いが荒くなる」という罠に陥ってはいけない

Don't fall into the trap of spending to mask your insecurities and low self-esteem.

Put it into action

実践しよう！

□増えた収入は貯蓄や投資に回す

収入が増えたら、その分はできるだけ貯蓄に回すべきです。たとえば、手取りの月収が8％増えたとしたら、増えた分は使わずに貯金するようにしましょう（自動入金などの仕組みを使って、何もしなくても給料日に貯蓄用の口座に振り込まれるようにするといいでしょう）。もともと月収の一部を貯金していて、昇給分でこの貯蓄額をさらに増やせるのであれば理想的です。

長い目で見ると、昇給分をすべて使った場合と、それを貯金に回した場合とでは、大きな差が生じます。1カ月あたりの金額はそれほど大きなものではなかったとしても、1年ならその12倍、

2年ならその24倍になります。このようにまとまったお金になれば、たとえば不動産購入の頭金に充てることもできます。

臨時ボーナスや相続金、計画外の配当金など、予期せず手に入ったお金も、貯蓄や投資に回すようにしましょう。

## □買い物をする前にリストをつくる

お金持ちだからといって、「オートクチュール」の高級ファッションに身を包んでいるとは限りません。

出かける前に買い物リストをつくり、それ以外のモノはできるだけ買わないようにするのは無駄遣いを防ぐ良い方法です。ウォーレン・バフェットはこう言っています。「不要なものばかり買っていたら、いずれは必要なものを手放さなくてはならなくなる」

## □はやりものに飛びつかない

「最新のiPhoneが発売された。真っ先に手に入れよう!」といった、ただはやりものに飛びつくような動機で買い物をするのはやめましょう。それは単なる自己満足や不安解消のための買い物にすぎず、手にするのは人生で本当に必要なモノではありません。

お金持ちの習慣
64

# 数字に強い

Understand numbers

## お金持ちになる人は数字を基に判断し、お金持ちにならない人は感覚的に動く

「現代では、人々の金融リテラシーの低さが問題になっている」

資産を増やしたければ、数字を読む力、すなわち「金融リテラシー」を身につける必要があります。投資、会計、金融の世界の様々な側面を数字から読みとり、投資判断に活かしていくことが求められるのです。例を挙げます。

- **たしかな情報に基づき、資産運用に関する判断を正確に行う。**
- **市場の状況を理解して、投資に活かす。**

- **自分がどのような選択肢を利用できるかを理解し、それらを比較する。**
- **資産、価格、市場の動向の理由と、その影響を理解する。**
- **リスクと起こりうる事態を予測し、対処する。**

私の場合、幸運にも資産形成を意識的に始めたときには、すでに会計士の資格を持っていて、企業でＣＦＯ（最高財務責任者）を務めた経験がありました。もちろん、会計士や税理士の資格がなくても資産形成は始められますが、最低限、この章の「実践しよう！」で取り上げる数字には日頃から注意を払っておくことをお勧めします。ファンドマネージャーや証券会社の担当者などの専門家に資産運用を任せる場合でも、あなたが基本的な数字の意味を知っているかいないかで大きな違いが生まれます。自分のお金を専門家がどんなふうに動かしているかがわかりますし、ファイナンスについての込み入った話もできるようになるからです。

**お金の格言**

## ファイナンスの知識を身につけるべきは、今このときだ

It's time to educate yourself - are you ready?

Put it into action
# 実践しよう！

## □ファイナンスを体系的に勉強する

オンラインコースを受講する、本を読む、夜間講座に通うなどして、ファイナンスに関する数字の読み方を体系的に勉強しましょう。「ビジネスパーソンのためのファイナンス」「パーソナルファイナンス」「投資と取引の基礎」などのようなトピックがいいでしょう。専門家に教わりながら投資を実践し、数字の意味を理解していきましょう（その過程で資産を失ってしまわないように注意しましょう）。

ファイナンスの基本を専門用語の定義と合わせてわかりやすく説明しているウェブサイトもあります（例：「www.investopedia.com」）。フィナンシャルタイムズ紙、インベスターズクロニクル誌、エコノミスト誌などの経済紙や経済誌を購読しましょう。新聞やウェブサイトの株式情報欄で、自分が投資をしているマーケットの相場と値動きのチェックを習慣にしましょう。

少なくとも、次のようなことについての基本的な知識を身につけ、理解しておきましょう。

・**貸借対照表（バランスシート）**──詳細は本書の「習慣44」を参照。
・**損益計算書**──利益または損失とは、すべての売上および収入からすべての費用と経費を差し引いたものである。利益には、ＥＢＩＴＤＡ（金利・税金・償却前利益）や営業利益など多くの定義がある。これらは税、利益、償却の前後で計算される。
・**財務比率**──売上高総利益率または売上高純利益率、資本利益率などを理解しておくべき。
・**複利**──本書の「習慣28」を参照。
・**お金の正味現在価値（ＮＰＶ）**──今日稼いだ１００ドルと1年後に稼ぐ１００ドルは、現時点で同じ価値を持っているわけではない。将来稼ぐ１００ドルの現在の価値は、そのお金を今から保有して得られる金利を差し引くと１００ドルよりも少なくなる。たとえば、今95・24ドルが手元にあり、年率５％の利息で運用すれば、1年後には１００ドルの価値になる。
・**為替レート**──詳細は本書の「習慣34」を参照。
・**投資用語**──株式や債券、デリバティブ、指数、ファンドなどに投資する前に、それらを十分に理解しておこう。これらの値が動く仕組みや、市場で使われている用語（投資収益率、一株当たり利益、ＰＥＲ〈株価収益率〉、スプレッド、入札価格、市場価値、先渡契約、プットオプション、流動性など）について学ぼう。
・**資産の値動きと価値の関係**──詳細は本書の「習慣80」を参照。

お金持ちの習慣
65

# 楽観的である

Build up your optimism

## お金持ちになる人はプラス思考で熱意に満ち、お金持ちにならない人はマイナス思考でやる気を失う

「コップの水が〝半分しかない〟のではなく、〝半分もある〟と考える」

アメリカの心理学者バーバラ・フレドリクソンは、ポジティブで楽観的であることの影響を研究し、「拡張 - 形成理論」を提唱しました。この理論は、次のことを説明しています。

**・楽観的な考え方をしていると、脳が活性化し、問題解決能力や集中力が高まる。**
**・悲観的な考え方をしていると、前頭前野の機能が低下し、物事の実行能力や創造性が損なわれる。**

悲観的で、気持ちが落ち込んでいると、経済的な目標を達成するのは難しいと感じてしまいます。情熱や熱意を持って目標達成に取り組めなくなり、周りの人にも悪影響を与えてしまいます。

このことは、著名なポジティブ心理学者であるマーティン・セリグマンによる、新規採用された保険の営業担当者を対象とした研究でも明らかになりました。楽観的な営業担当者のほうが、悲観的な営業担当者よりも37%多くの保険契約を販売していました。悲観的な営業担当者は、「どうせ売れるはずはない」というネガティブな考えを抱くことでエネルギーを浪費してしまっていたのです。

お金の格言

## 楽観主義とポジティブ思考のレベルを高める訓練が必要だ

Are you ready to build up your levels of optimism and positive thinking?

Put it into action

# 実践しよう！

## □問題ではなく、結果に焦点を当てる

ニューヨーク大学の心理学教授ガブリエル・エッティンゲンは、楽観的思考とは「将来、あることが自分にはできるという期待を持つこと」だと定義しています。ポジティブ思考は「自分にできること」や「達成できる結果」に意識を向け、注力することで強くなっていきます。効果的な方法は、過去の達成事項を振り返って自信を深めることです。「これから成し遂げること」や「成し遂げたこと」を日記に書き出すのも良い方法です。

悲観的な保険の営業担当者のように、「どうせうまくいくはずがない」と考えてしまうのは避けましょう。もちろん、失敗の可能性に目を向けるのは大切です。しかし、それればかりにとらわれてしまうのはよくありません。

## □ネガティブなことばかり言う人とは距離を置く

悲観的な考えばかりする人には、近づかないようにしましょう。あなたの周りにも、ありとあ

らゆる「できない理由」を口にする人がいるはずです。人生は、後ろ向きなことばかり言う人の言葉をじっと我慢していられるほど長くはありません。

## □過度の楽観主義には注意する

現実主義と楽観主義のバランスをとりましょう。リーダーや起業家のなかには、過度に楽観的になり、自分の思い通りに未来が開けていくのを確信しきっている人もいます。前向きな考えは、壁を乗り越えたり、余分な不安を追い払ったりするのには役立ちます。しかし、過度にポジティブになってしまうと、現実が見えなくなってしまいます。常に他人の意見に耳を傾け、現実を客観的に見るようにしましょう。

お金持ちの習慣
66

# 値打ちのあるものを探している

Seek value

## お金持ちになる人は安く買って高く売り、お金持ちにならない人は高く買って安く手放す

「セールなら半額で手に入るのに、なぜ定価で買うのか？」

「バリュー投資」は、とてもシンプルで効果的な投資の方法です。これは、モノの真の価値を理解し、(セールやオークションなど、状況にかかわらず) その価値を下回っているときに買うことで得をするという投資の考え方です。

賢い投資家は、この真の価値を「本質的価値」と呼び、この価値から大幅に低い値で取引されている資産を買おうとします。バリュー投資は株式投資に由来し、過去60年以上にわたって投資家のバイブルとされてきた名著『賢明なる投資家』の著者ベンジャミン・グ

| 銘柄 | 株式の<br>本質的価値 | 現在の<br>取引価格 | 割引額または<br>潜在的アップサイド<br>（現在の価格に対する割合） |
|---|---|---|---|
| A | １００ドル | ４０ドル | ６０ドル（１５０％） |
| B | １２０ドル | ６０ドル | ６０ドル（１００％） |
| C | １５０ドル | ９０ドル | ６０ドル（６７％） |

レアムが紹介したことで有名になりました。

簡単な例を示します。この例では、Ａ、Ｂ、Ｃの市場価格がどれも本質的価値よりも低くなっています。３つのケースとも、この差（ディスカウントや潜在的アップサイドと呼ばれる）は60ドルですが、パーセンテージで見ると違いがあることがわかります（Ａが一番割安で、Ｂ、Ｃと割高になる）。割安な銘柄を見抜いて幅広く保有すれば、ローリスク・ハイリターンの投資ポートフォリオを構築できます。

ただし、株式の本質的価値を見積もるのは簡単ではありません。ＰＥＲ（株価収益率）、企業の業績など様々な観点からデータを分析し、それを産業や株式市場の平均と比較し判断しなければならないからです。また株式市場には、大勢のプロの投資家が集まっています。こうしたプロは、金融機関が提供する分析手法や高速株取引プラットフォームを活用しているため、個人の株式トレーダーが対抗するのは容易ではありません。しかし、割安な銘柄を探すことで、プロたちと同じ流れには乗れます。自信がなければ、ファンドマネージャーに資産運用を任すのもいいでしょう。

**お金の格言**

## 本質的価値よりも高いものを買うべき理由などあるだろうか？

Why would you ever want to buy something that costs more than its intrinsic value?

Put it into action

# 実践しよう！

## □バリュー投資の原則を資産形成のすべてに適用する

割安な株や金融商品を探し出すのは、時間や専門知識が必要なので簡単ではありません。それでも、「市場価格を下回る割安なものだけを買う」という考えは、資産形成のあらゆる場面に応用できます。

・**デイトレーディング**——自分で株式ポートフォリオを管理するのなら、分析に十分な時間をかけること。投資の対象は、自分がよく知る株式市場や企業だけにするのが賢明だ。たとえば、私は大手製薬会社を定年退職したロンドン在住の投資家を知っているが、この人は大手製薬会社の株式以外には投資をしない。自分が詳しい業界のみに対象を絞り込むことで、割安な株を見つけやすくなるためである。

・**不動産**——市場価格よりも安く不動産を購入するのは、資産を増やすための一般的な方法になっている。このような物件は、何も手を加えなくても、市場価格が上がればすぐにそのままの状態で転売できる。あるいは、売却前に物件をリノベーションすることでも、価値を生み出せる。

部屋数を増やす、屋根裏部屋を寝室に改装する、地下室やサンルームをつくるなどすれば、物件の価値を高められる。ゾーパが2017年に実施したイギリスのリノベーションに関する調査によれば、あらゆるリノベーションの費用に対する平均リターンは50％で、一件当たりの平均利益は8000ポンドであった。

**・他の資産**――株式や住宅だけではなく、割安なものを見つけて高く売るという方法は、金《きん》、美術品、車など、様々な分野に応用できる。

お金持ちの習慣
67

# 自分でビジネスをしている

Start your own business

## お金持ちになる人は「雇われない自由」を手に入れ、お金持ちにならない人は他人のために働き続ける

「起業家になるしか、夢を実現する方法がない場合もある」

大金持ちのほとんどは、自営業者です。

現代社会では、雇われずに自分のために働き、ゼロからビジネスを築き上げることが究極の自己実現だと見なされているとも言えます。雇われない生き方を選ぶ人が多いのも驚くべきことではありません。

その割合は驚くほど増えています。ＭＢＯパートナーズによれば、２０１８年には４２００万人のアメリカ人が自営業者となり、同国の労働人口全体の約25％を占めるまで

になっています。センター・フォア・アントレプレナーのデータによれば、イギリスでも毎年60万件以上の起業が行われています。その多くは従業員のいない、オーナーのみの一人企業です。２０１８年の時点で、そのような一人企業は４３０万社登録されています。政府のデータによれば、これはイギリスの全企業の75％を占めます。

ただし、起業しても経済的な成功が保証されているわけではありません。高成長を続け、多額の売上を達成している自営業者はわずかしかいません。大半は、運が良ければ会社員と同じくらいの収入が得られる程度です。起業の成功率は高くはありません。スタティスティック・ブレインの調査によれば、アメリカでは新規登録された企業の50％以上が５年以内に廃業しています。10年以内の廃業率は70％以上に達します。

もちろん、起業には良い側面もあります。まず、上司がいないので、自分の裁量ですべてを自由に決められます。この自由は何物にも代えがたいものです。どんなビジネスをするか、誰と仕事をするか、どのクライアントにサービスを提供するか、どのくらいお金を稼ぎたいかなども、すべて自分の裁量で決められます。ただし当然、この自由には、時間やお金、リソースを管理しなければならない責任とストレスが伴います。何より、誰も毎月の給料を保証してはくれません。働かなければ、銀行口座には何も振り込まれないのです。

お金の格言

## 自営業者としての生き方には、デメリットを上回る多くのメリットがある

Being the master of your destiny as your own boss has so many benefits which outweigh the costs.

Put it into action

## 実践しよう!

### □好きなことで起業する

自分が好きで、楽しめる製品やサービスを扱うビジネスをしましょう。「好きこそものの上手なれ」です。

### □入念なビジネスプランを策定する

どんな価値を創造したいのかをよく考えましょう。何をつくり、どのような顧客層に、どのよ

うな価格で提供するのかを明確にします。事業企画書を作成し、収支やキャッシュフローを具体的に計画しましょう。

## □自分のビジネスにふさしい形態の法人を設立する

自分のビジネスに合った形態の法人を設立するために、会計士などの専門家に相談をしましょう。「従業員は雇わず、ずっと一人で事業を営んでいきたい」「資本金の額だけの有限の範囲で責任を負いたい」など、自分の望みを明確にします。税金についても事前によく調べておきましょう。

## □ビジネスパートナーは慎重に選ぶ

会社の所有権は100％保有し、誰にも渡さないようにしましょう。どうしても必要な場合は、ビジネスパートナーや、投資パートナー（資本金を出資するだけで、経営には関与しないパートナー）に株の一部を渡しましょう。

## □政府の支援策を活用する

政府は様々な起業支援を提供しています。アメリカでは、中小企業庁などの様々な機関が支援を提供しています。イギリスでも近年、スタートアップローン制度やシードエンタープライズ投資制度などの、各種の取り組みが行われています。

お金持ちの習慣
68

# テクノロジーを活用している

Embrace technology

## お金持ちになる人はＩＴを積極的にとり入れ、お金持ちにならない人はテクノロジーを敬遠する

「未来の鍵はＩＴとテクノロジーが握っている。その波に乗り遅れないようにしよう」

２０１８年末の時点で、世界の時価総額トップ6社は、アップル、アマゾン、アルファベット、マイクロソフト、フェイスブック、アリババと、いずれもＩＴやインターネット関連の大企業でした。

「ＩＴは苦手だ」「テクノロジーはあまり好きではない」という人もいるかもしれません。しかし現実には、資産を形成するためにはテクノロジーに完全に背を向けることはできなくなっています。

インターネットなどのIT技術は、現代人の生活のあらゆる側面を変えてきました。これからも、世のなかを変え続けるでしょう。

**・スマートフォン、電子メール、メッセージングアプリ、SNSなどは、一般的なコミュニケーションツールになった。**
**・小売りやビジネス、金融の現場での決済や取引は、ブロックチェーンや仮想通貨などのテクノロジーに基づいて数秒単位で行われるようになり、従来の契約や支払いの方法が大きく変化した。**
**・ウェブサイトやアプリは、食料品の注文から恋人探しまで、人々があらゆるものを売買し、学び、確認する場所になった。**
**・インターネットに対応したテクノロジーは、オフィスや工場、家庭、車などあらゆる場所で用いられている。近い将来には、私たちの身体のなかにも組み込まれるだろう。**
**・ロボティクスとAIは、医療、教育、自治体をはじめ、製造業からサービス業に至るあらゆるタイプの産業を変革している。**

インターネット・ワールド・スタッツの調査によれば、2018年の時点で世界人口の半分以上にあたる約42億人がインターネットを利用しています。また、グローバルウェブインデックスの推計によれば、一人ひとりがこれまでにインターネットで過ごした時間を人類全体で合計すると、なんと10億年になります。

インターネットとその関連技術は、まさに世界を席巻しています。今日では、何らかの形でテクノロジーを取り入れずに真に経済的に豊かになるのは実質的に不可能だと言えるでしょう。

**お金の格言**

**テクノロジーを上手に使いこなせるかどうかが、資産形成の大きな鍵を握っている**

Having technology work for you is a wise thing to do.

Put it into action

# 実践しよう!

資産を増やし、経済的な目標に向かってまい進するため、次の方法を検討してみましょう。

## □インターネットベースの製品やサービスをつくる

・アプリからインターネットベースのサービスまで、どのようなものをつくって売ることができるかを考える。

・製品として販売するだけではなく、月額制や定額制のサブスクリプション・モデルなど、様々なビジネスモデルを検討する。

・オンラインでの提供が未開拓のビジネスニーズがないか調査する。

## □インターネットを使ってビジネスを経営する

・インタラクティブなウェブサイトを開発する（「godaddy.com」などのサイトを利用する）。

・オンラインで商品を販売する（「etsy.com」「amazon.com」などのサイトを利用する）。
・紹介サイトを使って顧客を探す。
・サプライヤーに外注する（「kompass.com」などのサイトを利用する）。
・銀行や証券会社、ファイナンシャルアドバイザーが提供するオンラインアプリケーションを使って資産を管理する。
・専用のアプリを使って、投資用の不動産物件の管理をする。

## □インターネットを使って生産性や日常生活を向上させる

・時間と生産性を管理する（「todoist.com」などを利用する）。
・アプリでストレスを軽減する（「calm.com」などを利用する）。
・クラウドやオンライン版オフィス系ソフト、ウェブメールなどを活用して、どこにいても仕事ができるようにする。

お金持ちの習慣
69

# 「万一の事態」を予期している

Expect black swan moments

## お金持ちになる人は不測の事態に備え、お金持ちにならない人は「まさかの出来事」で資産を失う

「市場ではまれに、教科書には書かれていないようなことが起こる
――あまりにも想定外で衝撃的なために、新しい教科書に書かれてしまうような大きな出来事が」

2016年のサッカー・イングランドプレミアリーグでのレスター・シティの優勝や、2008年の金融危機など、誰も予想していない出来事は起きるものです。

「ブラックスワン」とは、企業や銀行、投資ファンド、通貨、国などがたった一日で崩壊するといった、誰も予測していなかったような衝撃的な出来事を指します。これは、オーストラリアに上陸したヨーロッパ人が黒い白鳥（ブラックスワン）を発見し、「白鳥はす

べて白いわけではない」とそれまでの常識を覆されたことにちなんでつくられた言葉です。

例を挙げましょう。

**・ロングターム・キャピタルマネジメント、シティバンク、ロイヤル・バンク・オブ・スコットランドなどの金融機関の失態や破綻。**

**・多数のＩＴ企業の倒産を招いた、２０００年のドットコムバブル崩壊。**

**・エンロン、ワールドコム、タイコなどの企業を破滅に追い込んだスキャンダル。**

**・コダック、ブラックベリー、ノキアのような大企業に壊滅的な影響を与えた経営戦略の大失敗。**

過去に、大企業や優良企業の倒産や経営不振によって株主や社債保有者、年金基金、銀行が莫大な損害を被ることは数え切れないほどありました。しかし、その事実は忘れられがちです。

私たちは資産を築くうえで、「いつか起こりうるブラックスワン」から何を学べばいいのでしょうか？

お金の格言

「絶対に起こらない」と思われていることも起こりうる、と常に想定しておく

Always assume that what 'will never happen' actually might.

Put it into action

実践しよう！

□うろたえないように準備をしておく

予想外のことは起こります。それまで不可能だと思われていたことは、あっという間に当たり前になります。自分ができる最大限のことをして、黒い白鳥を白鳥に変えるのです。

□ブラックスワンをホワイトスワンに変える

2017年、イギリスの大手建設会社カリリオンの株価が、2・38ポンドから約12ペンスへと

暴落しました。イギリス政府向けの大手サプライヤーである同社は、傍目には順調で健全な経営をしていると見られていました。経済メディアも大きなショックを受けていました。当時、同社の株を持っていた人は、この暴落をブラックスワンだととらえたかもしれません。

しかし、カリリオンの崩壊が近づいているのを予測し、保有株をタイミングよく売却した金融アナリストもいました。この人たちにとっては、この暴落はブラックスワンではなく、普通の白鳥が泳いでいるだけの光景に見えたはずです。あなたなら、カリリオンの負債が膨らみ利益率が低下しているのを見抜き、暴落の兆候を読みとることができたでしょうか？

純資産が10万ポンドの人にとっても、数十億ポンドのグローバルな投資ポートフォリオを持っている人にとっても有効な、将来のブラックスワンに備える方法を紹介します。

・**資産の特徴を正確に理解する**——購入しようとする株式や不動産などの資産について、ファンダメンタルズや市場の特徴をよく理解しておく。

・**問題の兆候を探す**——優秀なファイナンシャルアドバイザーからアドバイスを得る。投資をする際は、その対象のことを十分に理解する。疑問があるなら、手は出さない。

・**ポートフォリオを多様化する**——ポートフォリオを多様化すれば、危機が発生しても、すべての資産を失わずにすむ。

お金持ちの習慣
70

# 夢の実現のために人を雇っている

Employ others to achieve your dreams

## お金持ちになる人は仕事を人に任せ、お金持ちにならない人は自分一人で抱え込む

「自分一人が40時間かけて行う1週間分の仕事も、40人に頼めば1時間で終わる」

資産を大きく増やせるのに、あまり用いられていない方法があります。それは、人に仕事を頼むことです。

あなたは、一人でどれくらいの仕事ができますか？　仮に1日18時間、1年365日働き続けたとしても、達成できることには限界があります。人は、一度に2つ以上の場所にいることはできませんし、誰もスーパーマンのようには働けません。一度に複数の仕事を行う「マルチタスク」の価値が、最近では過度にもてはやされるようになりました。しか

し実際には、同時にいくつものタスクをしようとすれば、生産性は落ちることがわかっているのです。1日か2日なら、精いっぱい働けば2人分くらいの仕事ができるかもしれません。しかし、そんな働き方は長くは続きません。

にもかかわらず、自営業者の大半は個人事業主として一人だけで働いています。まるで、自分一人で何もかもすることが、当たり前だと思い込んでいるようです。せっかく人に仕事を頼める立場でありながら、まるで上司から与えられたたくさんの仕事を必死にこなそうとしている会社員のように働いているのです。唯一の違いは、給料を家に持ち帰る代わりに、自分で顧客に請求書を書いていることくらいです。

あなたは、ずっと一人で働きたいですか、それとも人を雇って事業を早く成長させたいですか？

人生と経済的な目標を達成するのに、どちらが良い選択肢だと思いますか？

## お金の格言

### 人に仕事を頼めば、資産を増やすスピードを速められる

Extra pairs of hands can help accelerate your wealth creation.

Put it into action

# 実践しよう！

## □人に頼める仕事はないか？

あなたが、地元の小売業者に商品を卸している自営業のハチミツ生産者だとしましょう。事業を拡大したいのですが、何を、どのように始めればいいのかがわかりません。そんなときは、次のような点について考えてみましょう。

**・資金や労力を投資して人手を増やし、事業を大きくしたいか？　それは自分の経済的目標や夢にどうつながるか？**

**・ハチミツの生産量を増やせばビジネスにどんな可能性が開けるか？　スーパーマーケットなどの大手顧客に製品を販売できるようになるだろうか？　人を雇えば、ハチミツや関連商品を販売する店を開くなど、柔軟なビジネスモデルが可能にならないだろうか？**

**・ハチミツの一瓶当たりの利益率はどのくらいか？　人件費に対して、従業員を一人雇うためには販売量をどれだけ増やす必要があるか？**

**・パートタイムや期間限定のアルバイト、歩合制で人を雇えるか？　学生のインターン制度を活**

用できないか？
・フルタイムでハチミツビジネスに従事することに満足しているか？　それとも、自分は一線を退き、従業員に事業を引き継がせたいか？

## □求めている人材を見つけ出す

優秀な人材を見つけるのは、決して簡単ではありません。一緒に仕事をしたいと思える人を見つけるには、大変な手間暇がかかります。その人を雇うことで、自分が人生でもっとも重要なことに時間と労力を注ぎ込めるようになるかどうかをよく考えて採用に臨みましょう。

お金持ちの習慣
71

# 直感を信じている

Trust your instincts

## お金持ちになる人は直感を大切にし、お金持ちにならない人はうわべだけの言動に惑わされる

「最善の決定はたいてい、直感に従ったものである」

スペインを代表するベンチャーキャピタリストで、同国の大手IT系スタートアップの多くに早期から投資をしてきたイニャキ・アレオラは、「直感がすべて」だと主張しています。アレオラはフォーブス誌のインタビューで、将来のビジネスパートナー候補と面談をしたときに体験した直感の力について語っています。

「相手との夕食を終えた後、妻が言った。〝私はビジネスのことは何もわからないけど、あの人はあなたをだまそうとしていると思うわ〟。それは彼女の直感だった。実際、その

相手は私をだまそうとした」

私自身も、長年の様々な経験を通じて、直感には従うべきだという教訓を学んできました。「何かがひっかかる」という感覚が拭えない相手には、気をつけるべきです。取引ポジションに不安があるのなら、立ち止まってよく考えましょう。投資判断について疑問があるのなら、冷静に問題点を分析するのが得策です。

こうして自分の直感に耳を傾けることを学ぶにつれ、良い判断ができるようになっていきます。経済的な目標を達成するためには、頭と心の両方を研ぎ澄ますことが必要なのです。頭とは、事実に基づいて冷静に思考し、意思決定する理性のことです。心とは、直感や本能、第六感のことです。心の声に耳を傾けることで経済的な成功を収めているのはアレオラ夫妻だけではありません。たとえそれが事実やデータに反するものであっても、直感は大切にしましょう。

**お金の格言**

## 心の中の小さな声は、あなたが思っている以上に大きな力を秘めている

That little voice inside you is much more powerful than you can imagine.

# 実践しよう！
Put it into action

## □直感が生まれやすくなる工夫をする

1日中忙しくしていて、頭の中を雑念や不安でいっぱいにしていたら、ひらめきが起こる隙がなくなってしまいます。直感は、リラックスし、ゆっくりと時間を過ごすなかで生まれやすくなります。

今このときに集中しましょう。過去や未来のことは気にせず、様々な考えや感情が心のなかに入ってくるようにします。

静かな時間を過ごしていると、あっと驚くようなことをひらめくかもしれません。それは、投資の勝ち負けを分ける大きなアイデアになるかもしれないのです。

直感やひらめきを促すには、ビル・ゲイツのように生活のなかに瞑想を取り入れるのも効果的です。ゲイツは最近のブログ記事のなかで、瞑想によって集中力が増し、日々の感情や思考によって心が乱されにくくなったと述べています。「Headspace」などの瞑想用アプリを試してみてもいいでしょう。

## □人を見る目を養う

資産が増えていくと、従業員、ビジネスや投資のパートナー、サプライヤーなど、他人を判断する機会が増えていきます。アレオラ夫妻のように、相手について自分がどんな印象を抱いているかを敏感に察知できるようになりましょう。その人と一緒にいて気持ち良く過ごせるか、その人の性格や行動に問題はないと感じているかなど、直感を大切にしながら考えてみましょう。人は誰でも、出会った人をわずか数秒間で判断しています。一緒に過ごす時間が多くなるほど、相手のこともよくわかっていきます。信頼して一緒に働ける人かどうか、自分の心の声に耳を澄ませてみましょう。

お金持ちの習慣
72

# 過去の体験にとらわれない

The past does not predict the future

## お金持ちになる人は成功体験に縛られず、お金持ちにならない人は過去のデータに振り回される

「未来は、過去や現在に何の借りもない」

人は、過去の投資の成功体験が忘れられず、たとえデータが前回のようにはうまくいかないことを示していても、同じ投資を繰り返してしまいがちです。専門用語では、これを「行動強化」と呼びます。

カリフォルニア大学のブラッド・バーバーとテランス・オーディーンによれば、IPO（新規株式公開）で大儲けをしたばかりの人は、対象企業の業績にたいした注意を払わずに、再びIPO株に投資しようとする傾向があります。私たちは、何かに成功すると、「次も

うまくいくだろう」と甘い見積もりを立ててしまうのです。

過去の業績を示すグラフや表に頼りすぎないように気をつけなければなりません。投資信託や住宅市場、貴金属や株式市場の指数、個別株、債券など、投資対象が何であれ、それはあくまでも過去のデータにすぎません。たしかに、市場価格が予測通りに動くと思えることは多くあります。たとえば株価が、移動平均線に沿って上昇する、過去の安値ポイント（サポートレベルと呼ばれる）を下回らない、といった場合です。

しかし、だからといって安心しきっていてはいけません。資産の価格がこれまでになかったような動きをいつするかは、誰にもわからないのです。過去5年から10年間の移動平均線を下回るかもしれませんし、以前のデータからは予測もつかないようなレベルの値動きを見せるかもしれないのです。

**お金の格言**

## 過去にとらわれないようにするには、努力と訓練が必要である

Letting go of just focusing on the past takes effort and practice.

Put it into action
# 実践しよう！

## □過去のデータを疑う

たしかに、四半期や年単位での過去の値動きの推移を示すチャートに基づいた投資判断をすれば、安心感が得られるでしょう。銀行や証券会社の資産運用の担当者も、そうしたやり方を勧めてくるかもしれません。しかし、大切なのはデータだけに頼るのではなく、自分なりの投資に対する考え方を培っていくことです。本を読んで勉強し、様々な専門家の意見を参考にしましょう。

## □増資をするときは、適度な額にする

過去に成功例があるからといって、それと同じ投資に大量の資金を投じるべきではありません。成功した資産を保有しながら、さらにそこに資金を注ぎ込むことには注意が必要です。なぜなら、その投資がうまくいかなくなったときにリスクが倍増してしまうからです。

同じ資産に投入する資金には限度額を設けましょう。過去にうまくいったからといって、手持ちの資金をすべて同じ資産に投入すべきではありません。

お金持ちの習慣
73

# すべてを手に入れるのは不可能と知っている

Know the trade-offs

## お金持ちになる人は慎重に取捨選択をし、お金持ちにならない人はすべてを得ようとして失敗する

「選択とはトレードオフである。成功者はこれを心得ていて、常に賢く選択をしている」

人生はトレードオフの連続です。あるキャリアを選ぶとは、他のキャリアをあきらめることとです。あるビジネスパートナーを選ぶとは、他のビジネスパートナーとは手を組まないことです。あるクライアントのために1週間仕事をするとは、他のクライアントのために働く機会を捨てることです。身体は一つしかありませんし、お金も同時に2つ以上のことには使えません。私たちは、常に選択をしなければならないのです。

トレードオフは「機会費用」とも呼ばれる、私たちが資産を築くうえで理解しておくべ

きとても重要な概念です。これは簡単に言えば、「ある選択肢に投資をすれば、その資金を使えたはずの他の選択肢には投資できなくなる」という真理を意味しています。つまり、オプションAを選べば、オプションBを選んだとしたら得られていたはずのメリットは失われてしまうのです。

物事を、シンプルに選択できるときもあります。しかし、常にそう簡単にいくとは限りません。たとえばＭＢＡ取得のために会社を辞めて大学院に通いたいと思ったとします。そのとき、ＭＢＡ取得後に得られる好条件の職や収入の見通しが、いったん仕事を辞めることに伴う様々な代償を補えるものかを、天秤にかけなければなりません。

**お金の格言**

**選択の機会費用を過小評価してはいけない。**
**選択をするときは、**
**それによって失われうるものについてよく考えること**

Don't underestimate the opportunity costs of any decision.
Think about what you could lose by choosing one option over another.

Put it into action

# 実践しよう!

機会費用を最小限に抑えましょう。投資の判断をするときは、自分の最大の経済的な目標を思い浮かべ、その達成のためには何を優先させ、何を切り捨てるべきか、トレードオフの視点で考えましょう。

## □目の前にある機会費用を無視しない

時々、目の前にある大きな機会費用に気づけないことがあります。たとえば、手持ちの資金を使えば完済できるのに、借金を抱え込んでいるような場合です。クレジットカードの未払い金が1万ドルあり、年間18%の利子を請求されている一方で、年間の配当が税引前約6~8%の投資資産を1万ドル以上保有しているような状態がこれに相当します。6%のリターンを得るために、18%もの利子をとられている借金を返済しないのは、まさに機会費用の損失です。

## □収益率の低い資産は手放す

収益率の低い「アンダーパフォーマー」の投資資産をいつまでも保持している意味はありません。可能なら、売却し、収益率の高い投資に切り替えましょう。たとえば、借り手のつかない投資用の不動産を所有している場合、収益が得られない物件のために、住宅ローンを返済し続けなければなりません。こうした物件は売却し、借り手がつきやすい物件に買い換えるべきです。

お金持ちの習慣

74

# メンターの助けを得ている

Seek the help cf mentors

**お金持ちになる人は他のお金持ちからじかに学び、お金持ちにならない人は他人から学ぼうとしない**

「自分のために時間をとり、道を示し、将来に待ち受ける障壁について警告してくれる人のことは、何よりも大切にしなければならない」

欧州メンタリング&コーチング評議会は、メンタリングを「経験が豊富な人から経験が少ない人への技能や知識の伝授に基づく成長のプロセス」と定義しています。

メンタリングの経験者は、それが教える、伝える、見本を示す、などによって行われるのを知っているはずです。メンタリングは、勉強の方法、問題を理解する方法、転職の方法、仕事で成功する方法、投資に成功する方法、苦手な上司とうまくやっていく方法など、あらゆる局面で実践でき、最近ではますますさかんになっています。特に、仕事に関するものが人気です。経験のある社員が新入社員のメンターとなり、仕事に慣れ、職場で能力を発揮できるように支援するシステムは、多くの企業で実施されています。

誰かの経験にじかに触れるのは、本を読んだり、動画を見たりして学ぶよりも強い印象が得られるものです。メンタリングを受けているときは、深くて有意義な一対一の対話ができます。問題点を掘り下げ、2人で確認し、不明点は尋ねることができます。

**お金の格言**

**富を築くには、エネルギーにあふれ、情熱と熱意があるメンターを見つけ出すことが欠かせない**

Finding a mentor with energy, passion and enthusiasm might be just the thing you need to launch your wealth creation plans.

Put it into action

# 実践しよう!

## □ロールモデルとなる成功者と会う

裕福になる方法を本当に知りたいのなら、すでに裕福になっている人から経験談を聞いてみるべきです。お金持ちを見つけるのは、それほど難しいことではありません。クレディ・スイスによる2018年の報告書によれば、資産100万ドル以上の「ミリオネア」と呼ばれる富裕層は、全世界に4200万人以上もいます。

とはいえ、突然ミリオネアの家を訪ねて「私のメンターになってください」と言うのは気が引けますし、ヴァージン・グループ会長のリチャード・ブランソンがプライベートアイランドの「ネッカー島」で主催するような大物が集う交流会に招かれるのも簡単ではありません。それでも、日頃から周囲に、「話を伺いたいので、よいお金持ちがいれば紹介してほしい」と伝えておくことはできます。そうすれば、良い出会いがあるかもしれません。

メンターになってもらえそうな人を見つけたら、自分のしたいことやどんな助言がほしいのかを丁寧に説明しましょう。信頼関係を築き、親しくなり、できれば定期的に顔を合わせて話を聞きましょう。コーヒーやランチをおごり、しっかりお礼を伝えましょう。

## □オンラインで学ぶ

メンターとは一対一でじかに会って話すことがベストですが、それができない場合もあります。そんなときは、オンラインでの学びを活用できます。メンタリング式のアドバイスを提供するウェブサイトはたくさんあります。経済的な目標を達成し、資産を形成したいという人たちに特化したメンタリングサービスもあります。料金を払って会員になれば、特定のメンターからアドバイスが得られるサービスもあります。

## □イベントを活用する

「メントワーキング」とは、ネットワーキングとメンタリングを組み合わせた最近の造語です。これは、メンターになる可能性のある人と出会う機会が得られるネットワーキングイベント（交流会）に参加することです。

富裕層向けのイベントや経営者の講演会、起業家セミナーなどに参加しましょう。手本にしたいと思うような人たちと同席するための努力をしましょう。

お金持ちの習慣
75

# 「勝機」を知っている

Timing is everything

## お金持ちになる人は長期戦で勝つと心得ていて、お金持ちにならない人は短期決戦を挑み失敗する

「市場がいつ下がり、いつ上がるかを常に知っている人はいない」

投資家には、過去に投資のタイミングで大きな失敗をした経験があるものです。実際、個人投資家が自分の判断で資産を効果的に売買するのは簡単なことではありません。モーニングスターによるアメリカでの調査では、全体的に見ると、年間収益率は個人投資家のほうが運用型ファンドよりも1・4％も低くなります。

もちろん、すべての個人投資家が運用型ファンドより運用成績が悪いわけではありません。しかし、運用型ファンドに負けている多くの個人投資家には、共通の弱点があります。

それは、資産を売買するタイミングが悪いことです。特に、価格の上昇が止まる前に売ってしまう傾向があります。

プロの投資家でも、一般的な個人投資家より少しだけ良い成績を収めているにすぎません。どんな投資家でも、市場の平均的なリターンよりも優れたパフォーマンスを発揮するのは難しいからです。2015年にフィナンシャルタイムズ紙に掲載された記事によれば、過去30年間の市場全体の平均リターン（S&P500指数に基づく）が年率11・6％であったのに対し、平均的な投資家の年間リターンは3・79％にとどまっています。3・79％は、個人投資家としてはそれほど良いとは言えない数字です。

2017年にエコノミスト誌に掲載された記事は、個人投資家がファンドマネージャーに資産運用を任せることで他の投資家に勝る成果を上げるのは難しいと述べています。たしかに最近の投資家には、ファンドマネージャーは利用せず、代わりにFTSE100やS&P500などのベンチマーク指数をパッシブに追跡するトラッカーファンドや指数ファンドにじかに投資する傾向があります。こうしたパッシブファンドは、アクティブファンドや取引所取引型ファンドよりも手数料が低く設定されているのが一般的です。

適切なタイミングで個別株の売買ができるという自信がない限り、インデックス投資などの他の戦略を検討することが理にかなっていると言えるでしょう。

**お金の格言**

## 市場の動向を正確に予測するのは不可能であることを受け入れる

Accept that it is not possible to accurately pred ct how markets will move.

Put it into action

## 実践しよう！

### □「ドルコスト平均法」を採用する

市場にタイミングを合わせようとするのはやめましょう。プロであっても、売買の最善のタイミングを見極めるのは簡単ではありません。

特定の資産や商品に投資するのであれば、毎月一定額を投資するようにしましょう。そうすると、値動きがあるために価格が低い月には買う量が増え、価格が高い月には買う量が減ることになります。この投資方法は、ファンドや国債、債券、個別株、金《きん》など、様々な資産に適用できます。この方法を長い期間にわたって実践すると、幅広い市場価格で資産を買うことになります。

その結果、一般的な個人投資家のように高頻度で売買をしているケースよりも、良いリターンが得られる可能性が高まります。これは「ドルコスト平均法」と呼ばれる投資方法です。

たとえば、毎月500ドルを投資し、20年間の資産／ファンドの平均年間リターンが6％であると仮定します。すると、20年後には23万2175・55ドルの資産を保有していることになります。こうした試算ができるウェブサイト（例：「planetcalc.com」）がありますので、毎月の投資額と予想される年間リターンを入力してみてもいいでしょう（これらは税引前の収益率です）。

最初に一括投資をして、資金に余裕ができたときに追加の投資をしたい場合は、ファンドや年金制度（アメリカの場合なら401〈k〉プランなど）に投資することもできます。資産はなるべく動かさず、増えるのを見守りましょう。

## □定期投資にはファンドを利用する

実績があり、手数料やコストが安いファンドを探しましょう。イギリスでは、フィイナンシャルタイムズ紙の「ファンド比較ツール」がファンド選びの参考になります。トラッカーファンドや指数ファンドへの投資を検討しましょう。これらのファンドは市場指数に連動するタイプのパッシブファンドで、一般的に手数料が割安です。ただし、ファンドが正確に当該の指数を追跡していないときに発生することがある「トラッカーエラー」には注意しましょう。

お金持ちの習慣 76

# 健康的な生活をしている

Live a healthy lifestyle

## お金持ちになる人は健康的な生活で自由時間をつくり、お金持ちにならない人は不摂生をして時間を無駄にする

「悪い習慣を断ち切れば、自由な時間がたっぷり増える」

テレビを見ているだけでお金持ちになった人はいません。起業家のアンドリュー・フェレビーによるアメリカの富裕層を対象とした調査によれば、対象となった400人のテレビの視聴時間は1日平均わずか1時間未満でした。一方、統計調査プラットフォームのスタティスタによれば、アメリカとイギリスの平均的な人のテレビの視聴時間は1日平均約4時間。つまり、経済的に成功している人は、他の人がソファでポテトチップスを食べながらテレビを見ているあいだに、1日3時間も生産的な活動をする時間を手にしているの

です。

同様に、「お金持ちは、SNSやゲームに費やす時間が少ない」というデータもあります。お金持ちは、時間を無駄にはしないのです。

悪い習慣はやめましょう。たとえば、スマートフォンを使う時間を減らしてみましょう。それによって、自分自身に「たくさんの自由時間」という贈り物を与えられます。

健康全般にも同じことが当てはまります。全般的に、裕福な人はそうでない人よりも多く運動し、健康的な食事をし、たくさん眠ります。様々な研究がこれを裏付けています。

リチャード・ブランソンは運動のメリットを挙げ、それによって脳の状態を良好に保てると述べていますし、ジェフ・ベゾスは毎日8時間の睡眠をとると語っています。

**お金の格言**

**資産を築くには、創造的で、革新的で、一生懸命に働けることが必要だ**

To make money, you need to be creative, innovative and ready to work hard.

Put it into action

# 実践しよう！

## □テレビやパソコン、スマートフォンに費やす時間を減らす

資産を築くためには、1日のなかですっきりした頭で集中した状態を何時間も保つ必要がありますし、感情を冷静にコントロールできなければなりません。そのためには、健康的な習慣を実践して心身の状態を良好に保っておく必要があります。テレビやパソコン、スマートフォンの画面をダラダラと眺める時間を減らし、食事、運動、睡眠を改善していきましょう。

## □身体に良いものを食べる

健康的な食事をしていると、考え方が前向きになり、身体に活力がみなぎってきます。ブリティッシュ・ジャーナル・オブ・ヘルス・サイコロジー誌に掲載された2015年の研究では、被験者に2週間以上にわたって食事の内容と感情や行動を記録させたところ、果物や野菜を多く含む食生活をしていると幸福感や人生の満足度が高まることがわかりました。またこうした食事は、好奇心や創造性を高める傾向も見られました。

## □たくさん運動をする

運動が健康や幸福度を高めることを裏付ける研究結果は大量にあります。サイコロジー・アンド・エイジング誌に掲載された2013年のアメリカで行われた研究によれば、運動は認知能力を向上させます。

## □良質な睡眠を十分にとる

7時間未満の睡眠で、昼間に能力を十分に発揮できる人はわずかしかいません。毎晩、良質な睡眠をとる習慣をつけましょう。早寝早起きを実践すれば、昼間にしっかりと覚醒した状態を保てますし、精神的・感情的な安定感も得られます。

お金持ちの習慣
77

# 挫折から立ち直る心の強さがある

It's not the end of the world

## お金持ちになる人は大きな損失をしなやかに乗り越え、お金持ちにならない人は一度の失敗でくじける

「大惨事に直面しそうなときは、"これは10年後も続く問題だろうか?"と自問しよう」

ジャーナル・オブ・ナーバス・アンド・メンタルディジーズ誌に掲載された、金融詐欺で老後資金を失った72人を長期的に追跡調査した研究によれば、資産を失ってから20カ月以内に29%の人が大きな抑うつを体験していました(一般の人が抑うつを体験する割合は2%)。ジャーナル・オブ・ヘルス・アンド・エコノミクス誌に掲載された研究によれば、2008年の株価の暴落で資産を失った人の多くが抑うつを体験し、抗うつ薬を服用するようになっていました。

このように、投資家は大きな損失を出したときに強い精神的なダメージを受けます。それは、徹底的に打ちのめされるような体験だと言えるでしょう。あなたなら、全財産を失う、年金基金が破綻するといった事態に遭遇したとき、どのように対処しますか？　このような悲劇は誰の身にも起こりえます。そのとき、私たちはあっという間に振り出しに戻り、ゼロからスタートをし直さなければならなくなります。年金生活をやめて再就職する、小さな家に住み替える、生活費をぎりぎりまで切り詰めるといった状況に身を置かなければならなくなるのです。

もちろん、それはとてつもなく大変なことです。しかし、そんなときは腹を決めて現実を受け止め、苦難を乗り越えていくしかありません。そのときは二度と立ち直れないと絶望するほど最悪の状況だと思えても、10年も経てばたいていのことは小さな問題に変わっているものなのです。

**お金の格言**

**一度自分の力で築いたものは、失ってもいつでもやり直せる**

Remember that if you've built something once, you can always do it again.

Put it into action
# 実践しよう！

## □常に、「なんとかなるさ」というマインドでいる

では、どうすれば大きな挫折を乗り越えられるようになるのでしょうか？　もちろん、家を売らなければならなくなったり、株価の暴落で全財産を失ったりした人に、軽々しく「そんなのたいしたことはないよ」とは言えません。とはいえ、くじけずに生きていくためには、「なんとかなるさ」という前向きな気持ちを抱くべきだと言えます。そのような心持ちで過ごさなければ、人はつらさや苦しみに簡単に押しつぶされてしまうからです。

将来、あなたは大きな損失を経験するかもしれません。そんなときは、前を向いて人生の道のりを歩き始めましょう。しぶとく立ち上がり、目標に向かって努力をすれば、道は開けます。心を強く持ち、前向きな気持ちで生きていくのです。

「人生、お金がすべてではない」とは、お金があるときだから口にできる言葉だと思う人もいるかもしれません。しかし、この言葉は紛れもない真実です。富を築く過程で、お金についてのバランスのとれた考え方を育てておきましょう。そして、周りの人々や過去の出来事への感謝を忘れないようにしましょう。そうすれば、ある日、何らかの理由で資産を失ってしまっても、しなやかに自分の生きる道を見つけられるようになるのです。

お金持ちの習慣
78

# 契約書をしっかりと読んでいる

Read the T&Cs

## お金持ちになる人は書類を細部まで読み込み、お金持ちにならない人は流し読みする

「やっかいな条件は、たいてい契約書に小さな文字で書かれている」

「この投資の条件を、しっかりと読んでいればよかった」と後悔したことはないでしょうか？　私たちは、毎日のように契約書や利用規約を目にしています。郵便物や電子メールで送られてくるものもあれば、スマートフォンのアプリを利用する際に読まなければならないものもあります。あなたは、こうした書類の文面をよく読んでいるでしょうか？　住宅ローンや車のリース契約、旅行保険、生命保険の契約書といった重要な書類でさえ、あまり目を通さないという人も多いのではないでしょうか。

たしかに、これらをいっさい読まなくてもいいのならば、人生はもっと楽になるでしょう。しかし実際には、その結果として支払うべきお金やストレスが増えることになります。たとえばあなたは、利用中の銀行の当座貸越サービスは費用対効果が高いと思っているかもしれませんが、契約書に記載されている金利や手数料をよく確認したことはあるでしょうか？　住宅ローンを早めに完済したいと思っているかもしれませんが、ローン契約書に記載されている繰り上げ返済手数料についてよく理解しているでしょうか？

書類を読む（少なくともすべての項目にさっと目を通す）習慣をつけ、違約金や手数料の内容をよく理解するようにしましょう。これが習慣になると勘が働くようになり、自分にとって重要な項目が自然と目に飛び込んでくるようになります。ポイントとなる数字や手数料、罰則、期間などを確認し、忘れないように心に留めておきましょう。

極めて重要な書類については、弁護士や会計士などの専門家に依頼して、細かな内容を確認してもらってもいいでしょう。

お金の格言

面倒で退屈かもしれないが、契約書をしっかりと読むことは、経済的な成功と失敗を分ける差になりうる

Reading terms and conditions can be so tedious and boring - but can be the difference between financial success and failure.

Put it into action
# 実践しよう！

## □契約する前に詳細を確認する

重要な書類の細かな内容を読んでいないと、後で痛い目に遭います。知識は力です。今すぐにでも、時間をつくって書類の内容をじっくりと確認してみましょう。

- **医療保険の対象範囲はどこまでか。**

・クレジットカードに、家電などを購入した場合の1年間の延長保証が付帯するか？
・投資家と結ぶ秘密保持契約は、自分にとって条件が厳しすぎないか？
・所得補償保険で補償の対象になるのは、現在の仕事を続けられなくなった場合か、それともあらゆる仕事ができなくなった場合か？
・銀行が提供する旅行保険は、料金に見合う価値があるか？
・株主契約は、他人に権利を与えすぎていないか？
・家の保険で泥棒を補償範囲に含めるには、玄関扉に特定の錠前を使用する必要があるか？
・休暇保険は、旅行中に行うすべての活動をカバーしているか？
・保険の対象となる重篤な病気のリストに含まれていないものはないか？
・所得補償保険には例外が多すぎないか？

## □クーリング・オフ期間を利用する

何かに署名したり合意したりする前には、時間をかけてじっくりと検討しましょう。それでも、署名や合意をした後になって気が変わることがあります。そのときは、クーリング・オフ期間（無条件で契約の撤回や解除ができる制度）を利用できる場合があります。たとえばイギリスでは、金融商品（個人貯蓄口座、保険、年金など）を販売する企業は、契約書類に、商品を解約する権利や期間、手数料などの具体的な情報を記載しなければなりません。

金融商品は国の認可を受けた金融機関から購入し、消費者保護制度が利用できるようにしましょう。イギリスでは、金融行動監視機構（ＦＣＡ）の認可を受けた金融機関とのみ取引すれば、問題があったときに金融オンブズマンサービスに苦情を申し立てることができます。

お金持ちの習慣
79

# 資産を分散させている

Put your eggs into many baskets

## お金持ちになる人はリスクを分散し、お金持ちにならない人は失敗一つで全財産を失う

「一つのカゴでは、すべての卵は守れない」

あなたが全資産を投資してロンドンの不動産を購入し、エアビーアンドビーのサービスを利用して年中無休で賃貸に出し、安定した収入を得ているとしましょう。しかし、突然、政府が「ロンドンの不動産は年間90日間しか貸し出せない」とする「90日ルール」を施行したらどうなるでしょうか？　ビジネスプランが台無しになり、収入は激減してしまいます。おまけにタイミング悪くロンドンの不動産価格が下落し始め、損害はさらに拡大してしまいます。

このような、「一つのカゴにすべての卵を入れる」ような1点集中型の投資では、うまくいかなくなったときに大きな痛手を被ります。たしかに資産運用では、全資金を一つの銀行に預け、数社の株のみを保有し、不動産は同じ地域でしか所有しない、というふうに物事をシンプルに保つ考え方に惹かれることがあります。しかし、それはとても危険です。

このような集中型の投資をしていると、全資産を失いかねません。分散が不十分なポートフォリオでは、あるリスクを別のリスクで相殺できません。集中投資していた資産が値下がりする、収益率が低下する、といった事態になったら、打つ手がなくなってしまいます。リスクが分散されていないため、ある資産の価値が下がっているあいだ、その価値と収益を補える資産がなくなってしまうのです。

こうした事態を避けるためには、タイプの異なる資産を組み合わせるのが理想的です。ポートフォリオは、値動きにつられてすべてが同じ方向に向かわないように構成すべきです。留意すべきポイントは2つあります。

**・どんな資産にもリスクはあることを忘れない。極めて安全だとされている現金も例外ではない。たとえば国の経済が崩壊すればハイパーインフレにつながり、現金の価値が暴落することもある。**

・ポートフォリオを効果的に分散させる。為替の下落、企業の倒産、新興市場経済の失速などのリスクにさらす資産の比率（エクスポージャー）を減らせる。

お金の格言

不安を感じたら、資産を複数分野に分散すること

If in doubt diversify and place your wealth in different areas.

Put it into action

実践しよう！

□ファンドマネージャーの視点で投資をする

プロのファンドマネージャーは、それぞれの顧客のために異なるポートフォリオを組みます。顧客によって、リスク許容度や経済的な目標、目的が異なるからです。イギリスのベンチャーキャピタルファンド、シンジケートルーム（www.syndicateroom.com）の調査によれば、イギリス

の個人投資家は主に、株式、債券、住宅用不動産を組み合わせたポートフォリオを保有していま す。2018年のAAIIアセット・アロケーションによる調査によれば、アメリカの個人投資家は平均して株式（34％）、株式ファンド（31％）、債券（3％）および債券ファンド（12％）、現金（20％）を保有しています。投資家やファンドマネージャーは、市場の変化に対応するためこれらの割合を常に変化させています。

資産運用の専門家は、最適なポートフォリオを作成するために分析と調査を行います。その際、ダイナミック・アセット・アロケーションと呼ばれる方法が用いられるのが一般的です。これは、市場価格やリターンの予測に基づいて各種の資産を再配分することを指します。その結果、資産を効果的に分散させて、複数の収入源を持てるようになります。この方法を正しく実践するには時間や専門知識、そして自信が必要です。顧客の代わりにそれを行うサービスを提供する専門家がいるのもそのためです。

自分の力で専門家と同じように資産を再分配して最適なバランスを保つのか、それともシンプルにファンドに投資し、ファンドマネージャーに資産の管理を任せるのかをよく検討しましょう。迷うようなら、後者を選択すべきです。

お金持ちの習慣
80

# うまく損切りをしている

Cut your losses

## お金持ちになる人は早めの損切りができ、お金持ちにならない人は売りの決断を引き延ばす

「墓穴を掘っていることに気づいたら、すぐにそこから抜け出そう」

投資をする人には、資産が上がるとすぐに売り、資産が下がると（たとえ目の前で大きく値下がりしていても）なかなか手放さない傾向があります。このように、値上がりした資産を早く売りたがり、値下がりした資産をずるずると保有しようとするパターンは、投資用語で「損失回避」や「ディスポジション効果（気質効果）」として知られています。人は、利益が出たら焦って現金化しようとする一方で、購入時と比べて資産の価値が減ってしまう「含み損」からは目を背けようとするのです。

しかし、損失を挽回することはとても困難です。それには、私たちの直感に反する数字のトリックが大きく影響しています。例を挙げましょう。

・ある株式を900ドルで購入した。価値が下がり始めたが、しばらく保有していた。結局、価値が20%下がり、市場価格が720ドル（元の価格の80%＝900ドル×0・8）になったときに売却した。

・購入時の価格（900ドル）に戻すためには、この株の価値が20%上がる必要があると思うかもしれない。だが、それは違う。720ドルが20%上昇しても、864ドル（720ドル×1・2）にしかならない。

・元の価値である900ドルに戻るためには、720ドルの株が25%上昇しなければならない。当然、どんな投資でも、25%の上昇を得ることは20%の下落を許すよりも難しい。

**お金の格言**

## 思い切って損切りすべきときもある

When was the last time you cut your losses ?

Put it into action

# 実践しよう！

## □損切りして得られるものに目を向ける

負け続けているときは、サンクコスト（回収できない投資済みの費用）のことは忘れましょう。損失を取り戻そうとは考えないことです。失うものではなく、損切りによって得られるものに目を向けましょう。

ノースウェスタン大学の心理学者チン・ミン・ホイとダニエル・モルデンによれば、損失を出し続ける資産などを手放すための最適な方法は、ポジティブに考えることです。損切りによって、被害はできる限り食い止められます。浮いた資金で、別の有意義な資産に投資できます。「損はしたが、他の投資でそれを挽回できる」と考えるのです。

## □ツールに任せる

株式投資の場合、証券会社や取引ソフトウェアに「ストップロスオーダー」を設定できます。これは、設定した価格を下回ったときに自動的に株を売る設定にすることで、損失を制限する仕組みです。先ほどの900ドルの株式の例で、ストップロスオーダーを10%に設定するとします。そうすれば、価格が810ドル（900ドル×0・9）に達したときに証券会社が株式を売却します。これによって、損失を1株あたり90ドルに制限できます。

ただし、残念ながらこれも100%確実なシステムではありません。ときには価格が急落し、買い注文が入らないため、証券会社や取引ソフトウェアでは損失10%の時点で株式を売ることができない場合があります。これは、「リスクのない投資はない」という投資の世界の厳しい現実を示しています。

## □長期投資や積立投資でリスクを減らす

長期投資や積立投資では、値動きの変動に左右されずに資産を保有し続けやすくなります。たとえば毎月の積立投資を長期的に行う場合は、基本的に損切りを心配する必要はありません。もちろん例外もあります。投資している企業の業績が大きく傾き、株価が暴落し、倒産の危機が迫っているような場合です。このような場合は、できるだけ早くその株式を売却すべきです。

お金持ちの習慣 81

# 倫理的な投資をしている

Invest sustainably

## お金持ちになる人は投資で社会貢献し、お金持ちにならない人は倫理よりお金を優先する

「世界に苦しんでいる人がたくさんいるのに、どうして自分だけお金持ちになれば幸せだと言えるのか」

資産を増やしながら、社会にも良い影響を与えられたら素晴らしいとは思いませんか？

近年、特に若い人たちのあいだで、倫理的な投資に注目が集まっています。モルガン・スタンレーの調査によれば、持続可能な投資や倫理的な投資のアプローチに関心を持っているのは富裕層全体の45%。1980年から1995年生まれのミレニアル世代の富裕層では82%に達します。

「持続可能な投資（サステナブル投資）」「インパクト投資」「倫理的投資」といった言葉

を目にしたことがある人は多いのではないでしょうか。近年、このように社会に良い影響を与えることを基準にして投資が行われるケースがますます増えています。このような投資は総称して、「ＳＩＩ（サステナブル・アンド・インパクト投資）」と呼ばれています。

このタイプの投資の例はたくさんあります。ＵＢＳ証券が２０１８年に実施したグローバル調査「ＵＳインベスター・ウォッチ」によれば、調査対象となった富裕層の投資家の39％が何らかの持続可能な投資を行っています。世界最大の年金基金である日本の年金積立金管理運用独立行政法人は２０１７年、持続可能な投資を促進するために世界銀行グループと提携しました。ノルウェーの政府系ファンドは２０１７年、総額約２７０億ポンドに及ぶ石油およびガス関連の投資を止めると発表しました。

ＳＩＩに焦点を当てたフォーラムやイベント、団体も、グローバル・インパクト・インベスティング・ネットワークをはじめとして数多く存在します。エネルギー効率、クリーンウォーター、持続可能型農業などの産業の成長によって、新しいＳＩＩの機会は次々と生み出されています。

お金の格言

財布にも良心にも優しい、持続可能な投資に注目する

Sustainable investing is a sector to look out for, both for your wallet and your conscience.

Put it into action

# 実践しよう!

## □サステナビリティ・アドボケイト(持続可能性の擁護者《ようご》)に投資する

シュローダーは、ポートフォリオに占めるサステナブル投資の割合を増やすことにコミットしている機関投資家を「サステナビリティ・アドボケイト」と呼んでいます。同社が2018年に調査した全投資家の3分の1がこれに該当しています。また、多くのファンドやポートフォリオマネージャーが「国連責任投資原則」に署名しています。

## □持続可能なファンドに投資する

「環境、社会、ガバナンス（ＥＳＧ）」に力を入れ、持続可能性や倫理的なプロフィールを持つ企業で構成されている社会的責任インデックスファンドへの投資を検討してみましょう。投資を通じて社会に貢献できます。イギリスの場合は、「MSCI KLD 400 Social Index」や「FTSE4Good UK Index」などがあります。

## □リターンが減少する可能性を認識する

ＳＩＩのアプローチをとると、他の場合に比べて投資リターンが低くなる可能性があります。２０１８年のフィナンシャルタイムズ紙の記事によれば、ノルウェーの国営年金基金は、兵器製造や石炭採掘などの分野の倫理的に問題のある企業に投資しないことが原因で、過去10年間で２％近いリターンを失ったと推定しています。

とはいえ、リターンの低さは必ずしも避けられないわけではありません。従来の投資よりも収益性が良い可能性を示すデータもあります。２０１８年のイギリス、マネーウィーク誌の記事によれば、過去5年間の「FTSE4Good UK Index」のリターンは60％（配当金を再投資した場合）で、51％だった「ＦＴＳＥ１００」を上回っています。

お金持ちの習慣
82

# 「始めるのに遅すぎることはない」と考えている

Never too late to start

## お金持ちになる人はいくつになっても夢は叶えられると考え、お金持ちにならない人は年齢を理由に挑戦しない

「年齢は単なる数字にすぎない。人は長く生きるほど、目標や夢を実現するための時間と機会を多く得られるのである」

素晴らしい何かを始めるのに、遅すぎることはありません。例を挙げましょう。

**・マハティール・ビン・モハマドは、90代でマレーシアの首相になった。**
**・ノーベル化学賞を受賞したイェンス・スコウは70代でプログラミングを学び始めた。**

| 貯金を<br>始める年齢 | 貯金額合計 | 利息合計 | 総額 |
|---|---|---|---|
| 20歳 | 54万ドル | 60万3000ドル | 114万3000ドル |
| 30歳 | 42万ドル | 32万3000ドル | 74万3000ドル |
| 40歳 | 30万ドル | 14万7000ドル | 44万7000ドル |
| 50歳 | 18万ドル | 4万8000ドル | 22万8000ドル |

**・ヴェラ・ウォンは40代からファションデザイナーとして活動しファッションの一大ブランドを築いた。**
**・カーネル・サンダースは60代でケンタッキーフライドチキンを創業した。**
**・ジョン・ペンバートンは50代でコカ・コーラを創業した。**
**・レイ・クロックは50代でマクドナルドを創業した。**
**・ロビン・チェイスは40代でカーシェアリング会社のジップカーを創業した。**

年齢を重ねてからビジネスを始めると成功する可能性が高まることを示す調査結果は多くあります。マサチューセッツ工科大学のピエール・アズーレイらによる「年齢が起業の成功に及ぼす影響」と題した研究によれば、起業時の年齢が50歳だと、30歳に比べてビジネスを成長させられる可能性が2倍近くも高まります。起業では経験や知恵が大いに役立つということなのでしょう。

基本的に、貯蓄や投資はできるだけ早く始めるべきです。しかし、年をとってから始めても良いリターンを得ることは可能です。

前のページの図の例を考えてみましょう。毎月1000ドル貯金し、平均年間収益率が3％と仮定すると、65歳になるまでに税引き前でどれくらい資産を増やせるでしょうか。

若いときに資産形成を始めたほうがいいのはたしかです。しかし、50歳から始めてもそれなりの成果は出せます。始めるのに遅すぎることはありません。今できることに目を向けましょう。

お金の格言

## 素晴らしい何かを始めるのに、遅すぎることはない

It's never too late to start something great.

Put it into action

# 実践しよう!

## □いつでも夢は実現できると考える

今日の文化やメディアは過度に若者をもてはやしています。しかし、人はいくつになっても、その時々の年齢でできることが山ほどあります。低収入で苦しむ30歳であれ、会社を解雇された40歳であれ、早期退職をした50歳であれ、年金暮らしをしている65歳であれ、それは同じです。

年齢など気にせず、夢を追い求めましょう。自分のビジネスを始めてもいいですし、家族のために経済的自由を実現するということでもいいでしょう。若いときのような体力はなくても、年齢が上がった分、経験や知恵が身についているはずです。どのような年齢であれ、起業家として成功できるかどうかは、その人の考え方や信念、決断力、ビジョン次第です。年齢を忘れ、エネルギッシュに行動しましょう。前述したアズーレイの研究によれば、スタートアップの創業者の平均年齢は42歳。急成長しているスタートアップ上位0・1%に限れば45歳です。

## □高齢者向けの制度を活用する

貯蓄と投資も、起業と同じで経験や知恵がものをいいます。年齢が高くなることで得られるお得な情報には常に目を光らせておきましょう。たとえばイギリスでは数年前まで、65歳以上の人は年金債券を購入できました。一人当たり年間2万ポンド、カップル当たり4万ポンドまで投資でき、年利は1年債で2・8％、3年債で4％と好条件でした。高齢者の方は今すぐ、若い人は年をとったときにこのような制度をできるだけ活用できるように、情報収集をしましょう。

お金持ちの習慣
83

# いざというときの蓄えがある

Be ready for rainstorms

## お金持ちになる人は生活資金を残して投資をし、お金持ちにならない人は万が一の備えがない

「イギリス人は、常に傘を持ち歩く。この知恵は、投資にも活かせる」

病気や怪我で生きるか死ぬかの状況になったら、救急車を呼べます。しかし、収入を失った場合はどうすればいいのでしょうか？　突然、仕事や事業、投資先を失ってしまった場合はどうしますか？　あなたはこのような万一の事態に備えているでしょうか？

この本の前半では、世のなかに貯金をしていない人がいかに多いかについて説明しました。その状況は、一般的に思われている以上に厳しいものです。インターネット銀行ファーストダイレクトの調査によれば、イギリスの人口の7％は貯金が250ポンド未満しかあ

りません。この国の1カ月の平均的な家計支出は1536ポンドですから、5日分の生活費しか蓄えがないことになります。
1週間分の蓄えすらなければ、じっくりと資産運用に取り組むのは難しくなるでしょう。そのような状態でも資産を増やすための努力はできますが、綱渡りのようなことをしていれば大きなストレスがかかります。こうした状況に陥らないように、資産運用のためのお金とは別に、「生活防衛資金」と呼ばれるいざというときの蓄えを用意しておくべきです。

**お金の格言**

**万一のときに後悔しないように、生活防衛資金を用意する**

You will regret trying to survive a rainy day without anything to keep you financially afloat.

# 実践しよう！

Put it into action

## □緊急用の資金をどれくらい用意するかを決める

一般的に、投資資産とは別に数カ月分の生活費を準備しておくべきだと考えられています。まずは毎月の支出額を計算してみましょう。最低でも3カ月分、できれば6カ月分の生活防衛資金を用意します。このお金は、必要に応じて引き出せる普通預金口座に入れておきましょう。

## □持ち家に住むことを検討する

住むところがなくなるかもしれないという不安を抱えながら眠りに就くような日々を過ごしていると、成功という目標に向けて集中しにくくなります。持ち家のローンを完済すれば、一時的に経済的に困難な状況に陥っても、家賃が払えなくなるかもしれないというパニックにはならずにすみ、こうした不安を取り除いた状態で資産形成に取り組めます。

## □国が提供する中立的なアドバイスを利用する

予備のお金や貯蓄を管理する方法がわからない場合は、政府が提供している金融教育サービスを利用しましょう。イギリスの場合、「www.moneyhelper.org.uk」があり、生活防衛資金のつくり方などについて無料で中立的なアドバイスが得られます。アメリカにも同様のサービスがあります（「www.usa.gov/money」）。

お金持ちの習慣
84

# よくわからないものには手を出さない

Understand it or get out

## お金持ちになる人は知っているものにだけ手を出し、お金持ちにならない人は知らないものに飛びつく

「ルールを知らないゲームをプレーすれば、負けて大金を失うのは目に見えている」

世界屈指の投資家ウォーレン・バフェットは、「よくわからないビジネスには決して投資しない」という原則に従っていることで有名です。このアドバイスは、私たちの資産形成にも当てはまります。どんな投資家も、株であれ、デリバティブであれ、他の金融商品であれ、うまく説明できないものには投資すべきではないのです。

一般的には、よくわからない何かに挑戦すれば、ちょっとしたスリルが味わえることもあります。予想外の新しい発見につながることもあるでしょう。しかし投資に関しては話

が違います。知らないことに手を出して得られる興奮は、簡単に絶望に変わってしまうのです。

金融商品には数え切れないほどの種類があり、すべてを理解するのは不可能です。商品名からしてよく理解できないものも少なくありません。そのような商品には警戒しましょう。たとえば「ベロシティシェアーズ・デイリー・インバースVIX短期上場投資証券（XIV）」という商品があります。これは、スイスの銀行クレディ・スイスが一晩でその価値の93％を失った後に取引を停止した投資商品です。こうした難しそうな名前の金融商品は、内容を十分に理解できないのなら買うべきではありません。

知らないことには手を出さないという原則に従っていれば、結果として投資機会を逃すこともあるでしょう。実際、IT企業の株を買わないことで知られるバフェットも、アマゾンやグーグルの株主になって大金を手にする機会を逃しています。それでも彼は、その決断を後悔していません。あなたもバフェットと同じ原則に従って機会を逃したとしても、後悔する必要などありません。投資の世界では、無理をして裏目に出るよりも、最初から手を出さないほうが得策なのです。

**お金の格言**

簡単に説明できないのは、十分に理解していないからである（アルベルト・アインシュタイン）

'If you can't explain it simply, you don't understand it well enough.' (Albert Einstein)

Put it into action

## 実践しよう!

### □簡単な言葉で説明できるものだけに投資する

「投資の対象がどんなものなのかを、誰かに簡単な言葉で説明できること」を、あなたの投資の原則にしましょう。簡単に説明できないものに、大切な資金を注ぎ込むべきではありません。スタートアップへの投資を検討しているときは、その会社のビジネスモデルを十分に理解できているかを確認しましょう。「私は知らないが、他の誰かがよく知っている」では不十分です。

スタートアップの創業者は情熱的で、自分たちが何をしているかは十分に理解していると言うでしょう。しかし大切なのは、あなたがそれを理解しているかどうかです。その会社のビジネスモデルをきちんと説明できないようなら、投資は取りやめるべきです。

銀行の担当者から「高いリターンが見込めます」と金融商品を勧められても、鵜呑みにしてはいけません。彼らは、あなたにそれを売り込むことが仕事です。担当者がその商品を簡単な言葉で説明できない場合は、特に注意が必要です。

お金持ちの習慣 85

# 自信過剰にならない

Don't be a hare

## お金持ちになる人は常に謙虚で、お金持ちにならない人は自分の能力を過信する

「説明書を読まずに組み立てたのなら、家具の脚の長さが揃っていなくても自業自得だ」

人間は、自分の能力を過信しがちです。心理学者のハワード・ライファとマーク・アルパートはこれを「自信過剰効果」と呼んでいます。自信過剰になるかならないかで、人の行動の結果には著しい違いが生じることがあります。たとえば2015年にサイコロジカル・サイエンス誌に発表されたコーネル大学とチューレン大学の研究者3人による論文によれば、自らの知識を過信する人は、不可能なことや架空のことさえ知っていると主張するようになります。実験では、被験者は自信たっぷりに、研究者がでっち上げた金融用語

を知っている、理解していると答えたのです。

これは、私たちが普段、自信に満ちた人々からの指導やアドバイスを頼りにしているのを考えると恐ろしいことです。ブラッド・バーバーとテランス・オーディーンの研究によれば、弁護士や医師などの専門家は自信過剰になりやすく、さらに男性は女性よりも自信過剰になりがちです。ダニエル・カーネマンによる研究では、調査対象となったアメリカの起業家の5分の4が、「自分たちのビジネスが成功する確率が70％以上である」と主張しました。これは、アメリカの小規模新興企業の5年後の存続率である約35％よりもはるかに高い、非現実的な数字です。

この傾向から私たちが学ぶべきは、常に自分を客観視し、自信過剰効果に陥っていないかどうかを自問することです。「ウサギとカメ」の物語で、競争に勝ったのはウサギではなくカメです。足の速いウサギは勝ちを確信して油断し、動きの遅いカメに負けてしまうのです。

**お金の格言**

## 自信過剰な自分を戒め、謙虚になるために何が必要かを考える

What will it take for you to calm down your level of overconfidence and become more humble?

Put it into action

# 実践しよう！

## □過度な取引を避ける

研究によれば、自信過剰な投資家は取引の頻度が高くなります。バーバーとオーディーンは、「取引は資産にとって危険である（Trading is hazardous to your wealth）」と題した論文のなかで、取引が過度に多いと手数料とコストが膨れあがり、得た利益が簡単に吹き飛んでしまうと述べています。また、自信過剰なトレーダーは、慎重なトレーダーに比べて取引のタイミングが悪いと指摘しています。

## □老後資金は慎重に見積もる

老後資金は、過信せずに慎重に見積もりましょう。想定しているよりも多い額が必要になると仮定しておいたほうが安全です。２０１７年の従業員福利厚生研究所（ＥＢＲＩ）による引退後の経済的な自信に関する調査では、「快適な老後を送れるだけの資金を貯められるか」という質問に回答者の60％が「自信がある」または「おおいに自信がある」と答えました。しかし「快適な老後を送るために必要な額を実際に計算したことがある」と答えたのは全体の41%のみでした。この41%の回答者のうち、最初の質問で「自信がある」または「おおいに自信がある」と答えた人はわずかしかいませんでした。同じく、必要な老後資金を実際に試算したことのある41%の回答者の半数以上が「医療費が予想以上に高いと思った」と答えています。これは、実際に老後資金を計算するまで、人々が「私は十分な老後資金を持っている」と過信する傾向があることを裏付けています。

## □専門家を盲目的に信じない

プロのファンドマネージャー300人のパフォーマンスを調査したジェームズ・モンティアによる2006年の有名な研究によれば、ファンドマネージャーのほぼ全員が、自分のファンドのパフォーマンスが平均以上だと感じていましたが、実際にはそのパフォーマンスには大きなばらつきがありました。つまり、プロでも自分の能力を過信しているのです。私たちは自分自身で判断する場合にも、専門家からアドバイスを受ける際にも、自信過剰にならないように注意しなければならないのです。

お金持ちの習慣
86

# 「お金を守る力」が強い

Explore safe havens carefully

## お金持ちになる人は安全資産でお金を減らさず、お金持ちにならない人は増やすことだけを考え簡単に失う

「荒れた海のような現代の金融市場には、穏やかな港はない」

現代は、お金を守ることが困難な時代だと言えます。

資産を安全に預けておける、「安全資産」といえば何を思い浮かべるでしょうか？　かつては、金《きん》、現金、スイスフラン、日本円、英国債、米国債、銀、人民元、不動産などが安全資産だと見なされたことがありました。ビットコインでさえ、価格が暴落するまでは極めて安全な資産だと見なされていました。

安全資産は重要です。他の資産の価値が下がっているときでも価値を保ち、需要の増加に応じて上昇するからです。もしそのような資産があるのなら、話はとても簡単になるでしょう。実際、長年にわたってこれらの安全資産にはたしかに価値を保つ傾向がありました。しかし近年では、事態は複雑になっています。

金《きん》は究極の安全資産だと考えられてきました。資産を避難させるためのもっとも安全な場所と見なされていたのです。金の価値は金利によって操作されることがありませんし、現物資産なので現金のように自由に発行することもできないからです。しかし最近では、金の1オンスあたりの価格はとても不安定になっています。たとえば2018年には、1オンスあたりの市場価格が1359ドルの高値をつけた後で1175ドルまで下落しました。実に13%の下落率です。また、金を保有していてもインカムゲイン（保有することで生じる利益）は得られません。金の保有者は、その価値が上がることを願うしかないのです。

他に安全資産だと見なされている資産のパフォーマンスにも、ばらつきがあります。2008年の金融危機以降、金、米ドル、日本円のいずれも特に安定はしていません。では、投資家はどうすればいいのでしょうか？

お金の格言

# はっきりとした安全資産がない現代において、投資は簡単ではない

Investing in a world where there are no obvious safe havens is not easy.

Put it into action

## 実践しよう！

### □安全資産へも適正な評価（デューデリジェンス）を行う

従来型の安全資産が期待通りの価値を保てなくなったとき、安全に資産を保管できる場所は他にあるのでしょうか？

特別な安全資産と呼べるものは、もはやないと言えるかもしれません。だからこそ、安全資産を他の投資資産と同じように慎重に扱うことが重要です。不況や世界的な危機が迫っているときには、ただ安全資産にお金を投資すればよいというわけにはいきません。金《きん》や英国債、スイスフ

ランなどは比較的安定した投資対象として考えることはできますが、これらの資産にもリスクはあり、価値が落ちる可能性はあります。

金《きん》と同じく、貴金属のような現物資産はインカムゲインとしてのリターンが得られません。一方、現金預金の金利も高くありません。アメリカの30年債、ドイツの10年債、イギリスの10年債などの国債もリターン（利回り）が低く、また市場価格が上がったときに売却してキャピタルゲインを得ることも期待できません。

このように、「ここに投資すれば絶対に安全で、かつ確実に価値も大幅に上がる」と呼べる資産はありません。重要なのは、それぞれの資産を適切に評価し、分散型のポートフォリオを構築することです。簡単な方法は、自分のニーズに合ったポートフォリオミックスを提供するファンドに投資することです。

お金持ちの習慣
87

# 子供のような好奇心を持っている

Re-ignite your child-like curiosity

## お金持ちになる人はいつも「なぜ?」と考え、お金持ちにならない人は常識をただ受け入れる

「今では、子供のように振る舞える人材を雇いたい企業も多い」

ニューヨーク・タイムズ紙のコラムニスト、アダム・ブライアントは、CEOや他の企業幹部70人に、「成功者にもっともよく見られる資質とは何か?」と尋ねました。一番多かった答えは意外なものでした。それは、「情熱的な好奇心」だったのです。

2018年にハーバード・ビジネス・レビュー誌に掲載されたプロフェッショナル3000人を対象とした調査によれば、調査対象者の92%が、「チームに新しいアイデアをもたらすのは好奇心旺盛な人である」と主張しています。チーム内にある好奇心は、メ

ンバーのモチベーションやパフォーマンスを向上させているのです。

情熱と好奇心が結びついたとき、私たちは世の中の様々な側面に強い興味を抱くようになります。イノベーションや成功したビジネスの多くは、情熱的な好奇心を持った人たちから生まれました。フェイスブックやアリババ、グーグルなど、現代を代表する巨大なIT企業は、これまで存在もしなかったような問題を革新的な方法で解決することに駆り立てられた創業者たちによって牽引されてきました。

好奇心を全開にするための時間を意識的につくっている人はめったにいません。大成功を収めた人たちなら興味をそそられるようなことにも、目を向けようとしないのです。作家のポール・C・ブランソンは、トルコの大富豪エンベル・ユセルが、「ワシントンDCとイスタンブールの道路脇の縁石の高さの違い」など、普通の人なら見過ごしてしまいそうなことに対して強い好奇心を示していて感嘆したと述べています。

このような情熱的な好奇心は、意外性のある斬新なアイデアを生みます。それは、私たちに富をもたらすものになるかもしれません。あなたは、人が見過ごすようなものに好奇心を持ち、様々なアイデアを膨らませられる人を知っているでしょうか？　どうすればその人のようになれると思いますか？

**お金の格言**

# 好奇心は、実践を通して学び、習得できる

Curiosity is something that can be learned and mastered through practice.

Put it into action

## 実践しよう！

### □常に「なぜ?」と考える

グーグルの元CEOエリック・シュミットは、「グーグルを突き動かしているのは、答えを見つける力ではなく、疑問を持つ力だ」と述べています。問題やチャンスに遭遇したときは、好奇心を膨らませて「なぜ？」と考えるようにしましょう。周りの人にも質問を促し、当たり前の考えをただ受け入れてしまわないようにしましょう。

「なぜそうしないのか？」

「もしこのような条件だったら？」

「可能なことは何か?」

といった発想で考えてみましょう。

富は、人に「お金を払ってもいい」と思わせる価値を創造することから生まれます。価値は、好奇心旺盛な人が、疑問を持ち、探求し、手つかずの何かを見つけることから生まれるケースが多くあります。

インスタントカメラで知られるポラロイドの株主が大金持ちになったのは、発明家のエドウィン・ランドが娘の話に耳を傾けたおかげです。2人が写真をとっていたとき、娘が父親に尋ねました。「なんで写真はすぐにできあがらないの?」

## □年を取っても好奇心を失わない

2018年のレッグメイソンの調査によれば、仮想通貨の仕組みを理解している割合は、1981年以降に生まれたミレニアル世代が41%なのに対し、戦後生まれのベビーブーマー世代はわずか18%に留まります。同年のユーガブによる調査では、「今後10年以内に仮想通貨が広く利用される」と予測したのは、ミレニアル世代が44%なのに対し、1960年代~1970年代生まれのジェネレーションX世代は34%、ベビーブーマー世代は29%でした。

若い人は、新しい物事をオープンな心で受け入れます。年齢を重ねても、若々しい気持ちを失わず、経験を積んだことで逆に視野が狭くならないようにしましょう。いくら人生経験を積んでも、世のなかには知らないことが溢れています。安全圏に閉じこもらず、柔軟な心で新しいものを受け入れるようにしましょう。

お金持ちの習慣
88

# 混沌とした「VUCA時代」にうまく対処している

Grow your wealth in a VUCA world

**お金持ちになる人は混沌とした市場でも自分を失わず、お金持ちにならない人は簡単に翻弄される**

「今日の世界を取り巻く環境は、ますます高速で変化している」

現代は、投資をする人にとって非常に不安定で変化の激しい時代です。私たちは、「VUCA（ブーカ）」と呼ばれる環境に生きています。VUCAとは、この時代の特性を表す4つの要素の頭文字をとってつくられた言葉です。

- **変動性（Volatility）**
- **不確実性（Uncertainty）**

**・複雑性（Complexity）**
**・曖昧性（Ambiguity）**

現代は変動性（ボラティリティ）が極めて高く、金融市場の価格は急速に上下動します。わずか数秒間で大幅に下落することさえあります。例を見てみましょう。

**・２０１６年10月、ポンドの価値がドルに対して２分間で６％以上も下落。**
**・２０１７年６月、ビットコインに次いで大きな仮想通貨「イーサリアム（Ethereum）」の価格が数分間で３００ドル超から10セントに下落。**
**・２０１５年１月、スイスフランがユーロに対して一瞬で40％も上昇。**
**・２０１３年、シンガポール証券取引所の株価が数分間で87％も暴落。**

このように突然相場が大きく動くことを「フラッシュクラッシュ」と呼びます。現代の金融市場では、高頻度の取引、複雑な先物取引、ブラックボックス取引、ソフトウェアアルゴリズムへの過度な依存、さらにまれに起こる市場操作などが原因で取引が複雑化しており、フラッシュクラッシュは珍しくなくなっています。

それほど昔の話ではありませんが、まだインターネットや電子メールが普及しておらず、リアルタイムのオンラインシステムで取引ができるようになる前は、数秒間で相場が変動するようなことはありえませんでした。しかし現在では、膨大な数の取引がミリ秒単位で同時に行われることもあります。

さらに、市場や取引、企業について調べようとグーグル検索をすると、大量の情報やデータが見つかり、私たちは惑わされてしまいます。答えは黒だと主張する情報源もあれば、白と主張する情報源もあり、正しい答えを見つけるのは容易ではありません。残念ながら、私たちはこうしたグレーな情報とうまく付き合っていかざるをえない時代に生きているのです。

**お金の格言**

**自分が理解しているものにのみ投資する。そのために専門家からの助言は惜しみなく受けること**

Only invest in what you understand and pay for advice if you need it.

Put it into action

# 実践しよう！

## □トレードスキルに依存しない仕組みをつくる

情報の偏りや市場の極端な変動性を考えれば、今は個人投資家として成功するのに自分のトレードスキルだけに依存するのは難しい時代になっています。最近では、「金融市場では、優れたシステムや調査能力、タイミングを提供するプロが運用するファンドに資金の大半を投資するのが最善策である」という考えも広まっています。

また、不動産や金《きん》、骨董品などの現物資産への投資を増やす傾向も見られます。これを「基本に立ち返るアプローチ」と呼ぶ金融アナリストもいます。このような現物資産には、5秒間で80％も価値が下がるといったことがないのが魅力です。これは、金融街が用いる高速アルゴリズムを駆使した取引に個人投資家が対抗するための良い戦略になります。

## □モメンタム（勢い）を維持する

金融の世界は複雑化しているため、個人投資家は簡単に惑わされ、目的を見失ってしまいます。

期待通りに投資がうまくいかないと、感覚が麻痺してさらに悪い方向に突き進み、墓穴を掘ってしまいがちです。本書でこれまでに見てきたように、「自分が理解しているものだけに投資し、必要な場合は専門家のアドバイスを受ける」という原則を忘れないようにしましょう。

相場の世界には、勢いや方向性を表す「モメンタム」という言葉があります。社会問題に詳しい作家のマイケル・マックイーンは、モメンタム（前進と成長のプロセス）が生じる仕組みを次のようなシンプルな方程式で説明しています。

**モメンタム＝（活動＋フォーカス）×一貫性**

つまり勢いは、ある活動に集中し、それを一貫して持続することで生まれるのです。VUCA、すなわち変動性や不確実性、複雑性、曖昧性にかかわらず、私たちが自分の資産運用でモメンタムを維持するのは簡単ではありません。そのために、次のことを実践しましょう。

- **投資したい金融商品や資産、市場を明確にしておく。**
- **資産運用に十分な時間と注意を払う。**
- **選択と行動に一貫性を持たせる。周りの雑音や混乱に惑わされて脇道にそれないようにする。**

お金持ちの習慣
89

# 交渉術に長けている

Be an expert negotiator

## お金持ちになる人は自分のペースで交渉を進め、お金持ちにならない人は相手につけ込まれる

「どんなものにも交渉の余地はある」

交渉術を学ばない限り、私たちは決して裕福にはなれません。交渉とは、必要なものを得るために自分の意見を強く主張することであり、相手とのあいだに納得できる妥協点を見いだすことであり、メリットがないと判断したときに潔く手を引くことです。

あなたはこれまで、想像以上に多くの交渉を経験しているはずです。不動産物件の売買、銀行や証券会社の担当者と手数料や条件について折り合いをつける、雇用契約書への署名、昇給や昇進について上司と合意する、といった状況は、すべて交渉と呼べるからです。

世界屈指のディールメーカー（取引を成立させる人）であり、ネゴシエーター（交渉者）であると評価されているのがスティーブン・シュワルツマンです。「ブラックストーン・グループ」の共同創業者CEOとして、同グループを世界最大級のプライベートエクイティおよび投資ファンド会社に育て上げ、4500億ドル以上もの資産を管理しているシュワルツマンは、交渉で大切なのは、「公平な領域」、すなわち自分と相手が求めているものが重なり合う部分を見つけることだとアドバイスしています。

交渉スキルとは、その重なりを見つけ出し、それを実現させるための手段について相手と合意を形成することなのです。

つまり交渉とは、最適なバランスを見つけることだと言えます。自分が求めていることを明確にすると同時に、相手の立場になって考えなければなりません。

次の例のように、自分の要求をはっきりと言葉にしつつ、同時に相手の立場を想像することに慣れていきましょう。

「手数料を2割下げてもらえなければ、このサービスを使い続けることはできません」

「あと3カ月以内にこの取引を成立させることができなければ、この件からは手を引かせていただきます」

お金の格言

交渉で難しいのは、手を引くタイミングを見極めることである

The hardest part of a negotiation is knowing when to walk away.

Put it into action

# 実践しよう！

## □意識的に訓練する

もちろん、シュワルツマンのような交渉のプロになるのは簡単なことではありません。彼も40年かけて交渉力を磨きました。意識的に交渉のスキルを上げようとしても、最初は初心者のようにぎこちなくしか振る舞えないかもしれません。自分の要求をうまく主張できなかったり、相手を怒らせないかと不安になったりするでしょう。しかし、経験を重ねるにつれて、相手と自分の要求が重なり合う「公平な領域」で合意できるポイントを楽に見つけられるようになるはずです。

## □手を引く準備をしておく

交渉にはまり込むと、手を引くのが難しくなる場合があります。提示された価格が低すぎる、投資資金の見返りに要求された持株比率が高すぎる、といった難しい局面になっても、それまでに費やしてきた多くの労力や時間を無駄にしたくないために、取引そのものをきっぱりと止めることが選択肢から外れてしまっているのです。このようなときには、いったん頭を冷やしましょう。専門家にアドバイスを求めたり、メンターに相談したりして、取引そのものから手を引くことも検討しましょう。

## □プランBを用意する

合意に至らなかった場合は、どうすればいいでしょうか？　ハーバード・ネゴシエーション・プロジェクトのメンバーであるロジャー・フィッシャーとウィリアム・ユリーは、自分が望む条件で合意ができない場合に、それに代わる最善の選択肢のことを、「ＢＡＴＮＡ（Best Alternative To a Negotiated Agreement／不調時対策案）」と呼んでいます。交渉では常に、プランB、すなわち第2の選択肢を用意しておくようにしましょう。

## □文書化して記録に残す

交渉で合意に達したら、必ず文書にして記録に残しましょう。相手に簡単なメールを送るだけでも十分な場合もあります。重要なのは、合意した内容を書面にして、相手と共有することです。

お金持ちの習慣
90

# IQ（知能指数）よりもEQ（心の知能指数）を大切にしている

Focus on your EQ not IQ

「もし同僚を選べるのなら、迷わず感情的知性の高い人と仕事をする」

**お金持ちになる人は感情をコントロールし、お金持ちにならない人は感情にコントロールされる**

数多くの研究結果は、ＥＱ（心の知能指数）が高い人ほど成功しやすくなると示しています。例を見てみましょう。

**・サンディエゴにあるＥＱ分野のコンサルタント会社タレントスマートが実施した研究によれば、職場で重要だとされている34のスキルのうち、パフォーマンスにもっとも影響しているのはＥＱであり、仕事上の成功の58％に関連していた。**

**・ジャーナル・オブ・リサーチ・パーソナリティ誌に掲載された、科学者80人の27歳時と72歳時の創造性を評価した研究によれば、人の生涯にわたる創造性を説明するうえで、感情的能力や社会的能力がIQ（知能指数）より重要である。**
**・２０１７年にジャーナル・オブ・ボケーショナル・ビヘイビア誌に発表されたアメリカの研究によれば、EQが高いほど、その人の給与と仕事への満足度が高くなる。**

EQには、次のような能力が含まれます。

**・自分の感情、行動、気分を理解し、客観的に認識できる。**
**・自分の感情や行動をコントロールできる。**
**・他人の立場に立ち、共感できる（社会意識が高い）。**
**・他人とうまくコミュニケーションできる。**

近年、世界の超富裕層の多くが、成功するうえでのEQの重要性について語るようになっています。たとえば、アリババの創業者でCEOだったジャック・マーは2017年、「他人と協力して働くには優れたEQが必要だ」と述べています。

ＥＱの価値は軽視されがちです。しかし、経済的な成功を手にするためには、自分や他人の感情を理解し、コントロールする能力が不可欠なのです。

お金の格言

**ＥＱ（心の知能指数）は、経済的な成功を収めるための重要な基盤である**

EQ is an essential foundation for being able to create a life of financial success.

Put it into action

# 実践しよう！

## □ＥＱの影響を理解する

これまでの自分の人生のなかで、ＥＱが役に立った瞬間を振り返ってみましょう。自分のＥＱのどの部分をコントロールし、伸ばすべきかがわかるようになります。

記憶に残っている「ＥＱの瞬間」を書き出しましょう。たとえば、「同僚やビジネスパートナーに対して怒りっぽくなり、関係が気まずくなった」とか、「ボーナスが少なすぎてイライラし、会社を辞めた」といった出来事を体験したことはないでしょうか。

こうした出来事を振り返りながら、どのように自分の感情と向き合っていくべきかを考えてみましょう。

## □感情に振り回されない

感情をうまくコントロールできなかった経験を振り返るのは、ＥＱを高める良い訓練になります。仕事の場面ではあまりそういったことが思い浮かばないという人がいるかもしれません。その場合は、車の運転をしているときを思い出してみてください。

大切なのは、うまく感情を手なずけ、乗っとられてしまわないようにすることです。訓練を積んでいけば、感情に振り回されず、理性的な判断をして冷静に対応できるようになります。ＥＱの能力を高め経済的な目標の実現に活かしましょう。

## □良い雰囲気をつくりだす

自分が感情をうまくコントロールしていても、周りの人もそうでなければ意味がありません。

周りの人たちが感情に振り回されることなく、気持ち良く過ごせるような環境を率先してつくっていきましょう。そのために、他人とのコミュニケーションでは、激怒したり、不適切な言動をしたりすべきではありません。それは、あなたが経済的な目標を実現する妨げになります。

お金持ちの習慣
91

# 書類をきちんと管理している

Keep your paperwork in order

## お金持ちになる人は整理整頓を徹底し、お金持ちにならない人は大切な書類を簡単に紛失する

「部屋の中が散らかっていたり、モノをなくしたり、用事を忘れたりしたとき、悪いのはすべて過去の自分である」

大きな成功を手にしたいのなら、常に身の回りをきれいに整理整頓しておくべきです。

私は以前、当選した宝くじを紛失した女性に会ったことがあります。彼女は何日も家の中を徹底的に探し尽くしたあと、「間違ってゴミ箱に捨ててしまったに違いない」という結論に至りました。聞いた話では、地元のゴミ捨て場を調べるために市議会にかけあおうとしていたということです。

当たりの宝くじをなくしたといった特殊なケースではなくても、用事を忘れたり、書類

を失ったりすれば、大きな代償を払わなければならなくなります。

過去に重要な書類や株主契約書をなくしてしまった、期限内に確定申告ができなかったといった経験があったりする人なら、それがどんな結果をもたらすかをよく知っているはずです。

資産を築こうとすれば、扱う書類の量も増えます。必然的に、未払いの請求書や、未署名の契約書、提出期限切れの合意書などが生じやすくなります。

経済的にかなり余裕がある人なら、書類の整理や作成、ファイリングなどを人に任せられます。しかし、アシスタントや専門家を雇う余裕がない人は、自分で書類を管理しなければなりません。

**お金の格言**

## 書類は速やかに分類し、ファイリングし、処理すること

This is your mantra: sort, file, act.

Put it into action

# 実践しよう！

## □整理整頓を徹底する

身の回りを常に清潔に保ち、整理整頓しましょう。書斎や職場が散らかっていると、目の前の仕事に集中しにくくなります。2011年のジャーナル・オブ・ニューロサイエンス誌に掲載されたプリンストン大学の研究によれば、人は目の前に無関係な書類や物があると、脳の視覚野の働きが妨げられ、集中すべきタスクを効率的にこなすのが難しくなります。

受けとる予定になっている請求書の一覧を作成し、実際に受けとり、支払いを済ませた確認をしましょう。投資資産ごとに、必要な書類をすべてまとめてファイリングしましょう。提出や更新が必要なものはメモします。確定申告書の提出など期限があるものには特に注意を払いましょう。

## □事務代行サービスを利用する

予算に応じて、事務代行サービスの利用を検討してもいいかもしれません。時間単位で発注して、必要な分の作業だけを依頼することもできます。

## □インターネットを活用する

整理整頓に役立つ便利なオンラインツールを利用してもいいでしょう。次のようなサービスを提供するウェブサイトやアプリをチェックしてみましょう。

**・領収書をスキャンして管理できるサービス（「Expensify」「Zoho Expense」「Evernote」など）。**

**・シンプルな会計・簿記システム（「GnuCash」「AceMoney」など）。**

メールも見落とさないようにしましょう。公共料金や不動産管理会社、銀行からの連絡がメールのみの場合には注意が必要です。メールの内容をメモしておき、必要に応じてプリントアウトしてファイリングしましょう。

お金持ちの
習慣
92

# 富を見せびらかさない

Be stealthy with your wealth

## お金持ちになる人は目立とうとせず、
## お金持ちにならない人はお金を見せびらかす

「資産を見せびらかすことは、服を脱ぎ、太ったお腹を見せながら、
〝見てください、私は毎日こんなにたくさんご馳走を食べてるんですよ〟と自慢するようなものだ」

現代の億万長者には、裕福であることを見せびらかさない人が多くいます。超高級車に乗ったり、地域で一番の豪邸を所有したりする必要性を感じず、あまり目立たないように日常生活を送っています。莫大な資産を持っていても、それをこれみよがしに使おうとはしないのです。

**・イケアの創業者イングヴァル・カンプラードは、ボルボの自家用車に15年も乗り続け、飛行機はエコノミークラスを利用するといわれている。**

**・アップルのCEOティム・クックは、大豪邸が建ち並ぶカリフォルニア州サンフランシスコ、パロアルト地区で、特に目立たない家に住んでいる。**

**・世界屈指の資産家であるメキシコの実業家カルロス・スリムは、30年以上前に購入した質素な家に住んでいて、今でも自分で車を運転して通勤しているといわれている。**

今後、あなたが裕福になっても、それを周りに見せびらかすべきではありません。傲慢な態度は、誰に対しても良い印象を与えません。自分の資産について話すときは謙虚になり、相手に劣等感を抱かせないようにしましょう。ただし、自分が成し遂げたことを否定する必要はありません。あなたは一生懸命働き、富を手に入れたのです。

**お金の格言**

## お金持ちになっても、それを見せびらかしてはいけない

In what way have you been showing off your wealth and finances?

Put it into action

# 実践しよう！

## □謙虚になり、地に足をつける

あなたが将来、お金持ちになったとします。そのとき、お金持ちになったことや、裕福な生活を楽しみたいと思っていることを、恥ずかしがる必要はありません。経済的に成功したことを誇りに思うのは良いことです。しかし、それを見せびらかすような行動は慎むべきです。謙虚に行動しましょう。そうしなければ、周りの人に良くない印象を与えてしまいますし、お金目当ての人を引き寄せてしまいます。豊かさを分かち合うのは素晴らしいことですが、気前よく振る舞ってばかりいると、お金だけでつながった人間関係が生まれてしまいます。しかも、相手からはひそかにねたまれたりもします。

目立ちすぎると、知人だけではなく知らない人からもお金の問題で頼られるようになってしまいます。やたらと親しげに近づいてきたり、あなたの友人を介して接触してきたりします。特に多いのが、「ビジネスのアイデアを実現させるために出資してほしい」という話です。起業の話をするのは楽しいものですが、頻繁にそうした話をもちかけられるのはあまり嬉しいことではありません。

## □ノーと言う勇気を持つ

お金目当てで近づいてくる人をすべて喜ばせることなどできません。自分のお金を使って誰を助けたいかを定期的によく考えるようにしましょう。それ以外の人が近づいてきたら、礼儀正しく、しっかりと断りましょう。

## □援助したい人にははっきりと意思を伝える

あなたが助けたいと思っている人に対しては、相手に罪悪感や恥ずかしさを抱かせないように、積極的に支援を申し出ましょう。自分が何をできるのかを、相手と率直に話し合いましょう。そのお金をあげるのか貸すのかなどを含め、自分の意図を明確に説明しましょう。自分が相手を支援するからといって、お金持ちであることを見せびらかしたりしてはいけません。恩着せがましくならないように気をつけましょう。

お金持ちの習慣 93

# 損失を他人のせいにしない

Do not blame others for your losses

## お金持ちになる人は自らの行動に責任を持ち、お金持ちにならない人はすべてを人のせいにする

「資産運用に関しては、100%自分の責任だと考える。人のせいにしていたら、常にイライラして苦い思いをし続けなければならない」

お金で失敗したきは、それを他人のせいにすべきではありません。

**・投資用のアパートを購入したとき、あなたが課税価格帯や管理費について尋ねなかったのは、不動産業者の責任ではない。**

**・投資したファンドが2桁台のリターンを出さなかったのは、証券会社の担当者の責任で**

**はない。**

**・リフォームした物件に市場価格以上の家賃を支払ってくれるテナントを見つけられなかったのは、不動産会社のせいではない。**

**・あなたが昇進や昇給できないのは、上司のせいではない。**

私はマレーシアで家を購入したことがあります。その後、敷地の裏に集合住宅が建設されることを知りました。当初は、購入前に不動産業者や弁護士がそのことに一言も触れてくれなかったことが信じられず、憤りを覚えました。しかしよく考えてみれば、私は裏手の土地が整備されていることには気づいていました。気づいていながら、そこにどんな建物がつくられるのかについては誰にも尋ねなかったのです。そもそも、集合住宅の建設が正式に決まったのは私が物件を購入した直後のことでした。私は、自分の物件の真後ろに集合住宅のような高層の建築物が建てられるかもしれないという可能性を、まったく想定していなかったのです。気になったのなら、どんな建物がつくられようとしているのか、調査すべきでした。悪いのは私でした。

お金の格言

自分のお金の問題は、良い場合も悪い場合もすべて自らの責任だと考えるべきだ

When it comes to your own money, you're the only person who can take the credit - and the blame.

Put it into action

## 実践しよう!

### □過ちは素直に認める

頭に銃口を突きつけられたりでもしていない限り、何かに署名したり同意したりするときに責任を負っているのは自分だけです。他人に責任を転嫁するのはよくありませんし、ストレスの原因にもなります。何でも人のせいにしていると、人間関係は悪化し、失敗からも学べません。資産を築く道のりのなかで、どんな人でも間違いを犯します。あらゆることの正解を知っている人などいないからです。しかしその失敗を受け止めて学習すれば、次回からはもっと賢く対処できるようになっていきます。

自分が犯した過ちを認めなければ、成長はありません。物事も、良い方向には向かっていきません。しかし、責任をとり、失敗から学んでいけば、驚くような変化が起こり始めます。失敗しても早く立ち直れるようになり、経験を積むことで自信も深まります。お金に関する選択をするときに、慎重で冷静な判断ができるようにもなります。以前の失敗と似た状況に遭遇したら、よく考えて調整や変更ができるようになっていくのです。

## □だまされないように気をつける

お金の失敗は自分で責任をとるべきです。しかし、はっきりと相手の落ち度がわかる場合や、意図的にこちらをだまそうとしてきた場合は、その限りではありません。専門家が不誠実なアドバイスをしたり、不要な商品を購入させようとしてきたりするのは珍しくありません。簡単にだまされないように十分に用心し、相手の話の内容を確認しましょう。必要に応じて、信頼できる人に意見を求めるのもよいでしょう。

お金持ちの習慣
94

# 年に一度、資産の健康診断をしている

Have an annual wealth check

## お金持ちになる人は定期的な「お金の健康診断」を欠かさず、お金持ちにならない人は「お金が病気になる」まで病院に行かない

「ケアを怠っていれば、資産も〝虫歯〟になる」

私たちは定期的に病院や歯科医院に行き、悪いところがないか確認してもらいます。お金の問題も同じです。資産の健康度をチェックし、問題点を見つけ出し、良好な状態に保っておく必要があるのです。自分の過去のお金に関する判断を見直しておかないと、それが現在も有効であり続けているかどうかは把握できません。

人は重要な決定や選択をしたのに、しばらくするとそれらをすっかり忘れていることがあります。貯蓄制度や銀行口座にお金を預けて、その存在を忘れてしまう人がたくさんいるのも驚くべきことです。イギリスには、長い間存在を忘れていた銀行や住宅金融組合の口座を探すための専用のウェブサイト（「www.mylostaccount.org.uk」）すらあります。

定期的に資産の健康状態をチェックして、資産の額だけではなく、運用状況もしっかりと見直しましょう。「実践しよう！」のコーナーでは、お金の健康診断の実施方法と注意すべき点について順を追って説明します。

**お金の格言**

**虫歯だらけになってからでは手遅れだ。資産のチェックは、早め早めを心がけること**

It is no good going for your first wealth check only after you have experienced the financial equivalent of major tooth decay.

Put it into action

# 実践しよう！

## □「資産の健康診断」を行う

年に一度、以下のような項目についてじっくりと確認してみましょう。

**・ファンド**

あなたが投資したファンドのリターンの状況は、他のファンドと比べてどうでしょうか？　イギリスでは、ほとんどのファンドは「ＦＴＳＥ１００種総合株価指数」と比較されます。例年、この指数を上回るリターンを上げるファンドはめったにありません。しかし、この指数にまったく及ばない状態が続くファンドをいつまでも保有し続けるべきではありません。

**・配当収入**

株式投資からの定期的な配当を資産運用の柱にしている人にとっては、重要な数字です。利回りが５～６％なら非常に優秀だと言えるでしょう。利回りが低すぎると感じた場合は、次の１年間は配当金の高い株に資金を切り替えることを検討してもいいでしょう。

**・資産構成の変化**

株式が好調に推移していた場合は、その1年のあいだに、ポートフォリオの債券と株式の比率を変えて、たとえば50対50から70対30に変化させた人もいるでしょう。このバランスをそのまま維持すべきかどうかを検討しましょう。リスクの観点から、現在のポートフォリオが自分の目標に合ったものかを考えましょう。

**・節税制度**

国が提供している節税制度を最大限に活用できているかを確認しましょう。イギリスの場合、非課税の個人貯蓄口座（ＩＳＡ）で貯蓄をすれば、控除の対象になります。節税効果の高い貯蓄・投資制度が他にないか、よく調べてみましょう。

**・固定金利**

条件の良い固定金利を調べ、期間が満了して自動更新される前にうまく切り替えましょう。

**・不動産投資**

自分が保有する物件の賃料（税引き前または税引き後）は期待通りに推移しているか、市場の平均値と比べて遜色はないか、物件の市場価値は維持されているか、それとも上昇しているか、不動産管理会社の料金は妥当か、といったことを確認します。

お金持ちの習慣
95

# お金の知識を学び合っている

Pass on your financial tips

## お金持ちになる人は学び合うことで成長し、お金持ちにならない人は出し惜しみして学ばない

「他人に教えることから多くを学べる。自分の知識を伝えることで、驚くほど多くの新しい発見がある」

人に教えることほど、何かを学ぶための良い方法はありません。

あなたは、他人の経済的自由の達成を支援するためのコーチングができますか？「自分には人に教えるほどの知識や経験がない」と思うかもしれません。しかし、完全な知識を持っている人などいません。専門家と呼ばれる人たちも、誰かに教えたり、教えられたりしながら、常に学び、新しい知識を身につけているのです。

コーチング、指導、メンタリング、共有、サポートなど、どんな呼び名を使うかは関係

ありません。学んだことを人に教えるというのは、相手の話に耳を傾け、質問し、アドバイスすることです。そのことで、相手を次のような点で助けられます。

- **あなたと同じお金の過ちをしないようにする。**
- **あなたが資産形成の過程で学んだ効果的な方法を知れる。**
- **裕福になるために必要な考え方や態度を身につける。**
- **経済的な目標や課題をあなたと共有する。**
- **経済的な損失を出したときに自信を取り戻す。**

これらを教えることとは、あなたと相手の双方にメリットがあります。教えられる側は、お金の問題にうまく対処し、資産を増やせるようになります。教える側も、次の3つをはじめとする様々なメリットが得られます。

- **人を助けることで良い気分になれる。**
- **教えるために自分の資産形成を振り返ることが、学びと成長の機会になる。**
- **自分の経験を分かち合うことで、新たなインスピレーションが湧いてくる。**

**お金の格言**

## これまでの学びを、人に教えたり、指導したりすることで世のなかに還元する

Are you ready to start giving back through teaching and mentoring others?

Put it into action

## 実践しよう！

### □パートナーと一緒に学ぶ

一緒に資産形成に取り組む配偶者やパートナー、一緒に事業を立ち上げた元同僚、共同で不動産投資や珍しい投資対象（ワインクラブなど）に投資をしている友人などは、すべてあなたの経済的なパートナーです。あなたとこの人たちは、お金に関して同等の知識やマネーリテラシーがあることが重要です。自分が知っていることを教え、相手からも積極的に学び、お互いに指導し、支え合いましょう。

## □若い人に教える

子供にお金やファイナンスについての十分な知識を与えようとする親はめったにいません。これは、大きな機会の損失です。子供たちが10代や20代のときに若者にありがちなお金の失敗をしないように、大人の視点でファイナンスを考える手助けをしてあげましょう。

## □地域社会の人たちに教える

私の友人は、地元の女性刑務所でボランティアとして受刑者に資産の増やし方を教えています。彼女の最近のワークショップは、起業や借金返済の方法をテーマにしています。あなたも、地域社会の人たちに自分のお金に関する知識を伝えられないか、考えてみてはいかがでしょうか。

お金持ちの習慣 96

# 長期的な視点で投資をしている

No need to sprint, it's a marathon

**お金持ちになる人は時間を味方につけ、お金持ちにならない人は短期間で結果を求める**

「投資とは、樹木が成長し、高層ビルが建てられ、季節が過ぎていくのをじっくりと眺めることである」

２０１７年、ドイツとアメリカの経済学者グループによる「１８７０年から２０１５年にかけての各種投資資産の収益率」と題した大規模研究が実施され、アメリカ、ドイツ、日本、イギリスを含む16カ国の国債、株式、住宅用不動産などの年間収益率のデータに基づいて、１４５年間の平均収益率（インフレ調整後）が算出されました。その結果は次の通りです。

・住宅　7・05％
・株式　6・89％
・債券　2・5％
・割引短期国債　0・98％

もしあなたの先祖が1870年に住宅と株式の混合投資に1000ポンド投資していたとしたら、その価値は現在では約1800万ポンドにも膨れあがり、あなたは莫大な遺産を相続できたことになります。これは極端な例ですが、長期投資にはそれほど大きな運用効果があるということです。このように買った資産をできるだけ長くそのまま保有しようとする戦略を、「買い持ち」と呼びます。

過去のデータは、投資資産は長く保有すればするほど、年間のリターンが増えることを示しています。

シュワブ金融リサーチセンターは、1926年から2011年までの85年間のS&P500インデックスファンドのリターンを分析しました。その結果、このインデックス投資を20年間（この85年間中の任意の期間）継続すると、プラスの平均年間リターンが100％保証されることが明らかになりました。その結果得られる平均リターンは3〜

17%になります。逆に保有期間が短くなると、大きな損失を被るリスクが生じます。たとえば、3年間のみ保有した場合、年間リターンが△27%から△31%になる可能性がありま す。投資額の3分の1を失うほどの損失が出る可能性があるというわけです。逆に同じ3年間保有した場合に、同等の比率でプラスになる可能性も十分にあります。つまり短期間の投資は、カジノに行くようなものなのです。

こうした歴史的な分析ははっきりとした結論を示しています。それは、「投資は短期的に行うべきものではない」ということです。短期間で勝とうとすれば、負けるリスクも高まります。長期的な視点で投資に取り組むことで、経済的な成功を手にする確率は大きく高まるのです。

**お金の格言**

## 投資で大切なのは、時間を味方につけること

Take time to build up wealth.

Put it into action

# 実践しよう!

## □「ほったらかし投資」をする

資産運用を次の2つの部分に分けて考えましょう。

・**積極的に運用する部分**――市場の動きに合わせて売買し、積極的に運用していく資産。

・**「バイ・アンド・ホールド」(購入し、あとは長期的に保有)する部分**――動かさずに長い時間をかけて増やしていく資産。この部分は、年齢が上がるほどポートフォリオに占める割合を増やしていく必要がある。

## □「バイ・アンド・ホールド」を実践する

前述したような長期的な投資データを分析した研究結果は、「ドルコスト平均法」と呼ばれる戦略の有効性を示しています。これは同じファンドに月単位や年単位で同額の資金を投資し続けるというもので、長期的に継続することで市場価格の変動を受けにくくなる投資方法として知られています。

## □時代の変化に目を向ける

「S&P500に名を連ねる優良企業の株を購入し、長期的に保有する」という投資戦略は、現在ではもはや確実な資産運用の方法ではなくなったという指摘もあります。これは混沌とする現在のビジネス環境のなかで、企業が大きな変化の波にさらされていることが原因です。それは、フォーチュン誌が毎年選出する全米上位500社のリスト「フォーチュン500」に選ばれるような大企業の多くにも当てはまります。

かつては、高金利の普通預金口座にお金を預けていれば、大きなリターンを享受できました。しかし金利がゼロに近づくにつれて、そのような時代は終わってしまいました。同じように、長期的な視点で株を買い、保有し続けることは、一昔前のような確実な賭けではなくなってきたのかもしれません。こうした時代の変化は、私たちが資産運用を計画する際に、十分に注意し、考慮すべきことです。

お金持ちの習慣
97

# 常に心に余裕がある

Sleep peacefully at night

**お金持ちになる人は資産の守りを固めて平穏に過ごし、お金持ちにならない人は増やすことしか考えず不安を感じている**

「玄関のドアを開けたままにしておいたのなら、泥棒に入られてもしかたない」

しっかりと守っていなかったために、資産を失ってしまうことほど悲しいことはありません。せっかく手に入れた夢のマイホームが水害や火事に遭い、保険に入っていなかったために自腹で建て直さなければならなくなった状況を想像してみてください。あるいはパートナーが亡くなった後で、生命保険の期限が数年前に失効していたことに気づいた場合はどうでしょう。
資産を守るための方法はいくつもあります。もちろん、１００％完璧な方法はありません。あなたが下手な投資をしたり、実力不足の人が起業したスタートアップに大金を投じたり、信頼できない人にお金を貸したりすれば、資産は減ってしまうでしょう。それでも、大きな損失に直面しないように、できる限り自分の身を守る方法を講じておくことは資産を築くうえでとても重要です。

**お金の格言**

**守りをおろそかにしたばかりに、資産を失ってしまうことほど悲しいものはない**

There's nothing worse than losing money simply because you didn't protect what you had.

Put it into action

# 実践しよう！

資産を守る方法をいくつか紹介します。

## □住宅ローン付帯の保険

多くの国では、住宅ローンに保険をかけられます。契約者が死亡した、返済能力を失った、などの場合に、住宅ローンの一部または全額が保険から支払われます。国によっては、住宅ローンを提供する銀行が保険への加入を義務付けている場合もあります。イギリスの場合、この種の保険は住宅ローン支払保護保険と呼ばれ、通常は年収2年間分または月収の3分の2のどちらか低い方の額で住宅ローンの支払いが補償されます。保険金は、被保険者が働けなくなってから1～2カ月後に支払われます。

## □生命保険信託

経済的に苦労している家族や大切な人がいる場合、自分が死ぬか重大な事故に遭ったときに、その人を生命保険の保険金受取人に指定できます。イギリスの場合、生命保険を信託に入れておけば、相続税が免除されます。

## □ヘッジング

ヘッジングとは、株式や原材料、通貨などを一種の保険として保有することを指します。将来的に価格が上がると予想したり、事業に必要だと判断したりした場合にこれらの資産を保有します。価格の下落が心配な場合は、プットオプションと呼ばれる「特定の日時に、特定の価格で資産を売る権利」を購入できます。これは、株式や通貨、他の製品が値下がりしたときに価値を生み出せるデリバティブです。この利益は、その資産を保有することから生じた損失を相殺できます。

## □経営者保険と法人保険

被保険者が働けなくなる、会社を経営できなくなる、事業が経営不振に陥る、といった場合に保険金を支払ってくれる様々な保険契約があります。いざというときのためにこれらの保険への加入を検討しましょう。

## □銀行預金の保険制度

世界の様々な国には、銀行が破綻した場合に預金を保護する預金保険制度が定められています。イギリスの場合、銀行や住宅金融組合にある預金の最大8万5000ポンド（共同口座の場合は17万ポンド）までは、金融サービス補償制度によって保護されています。アメリカにも、同様の預金保険が連邦預金保険公社によって提供されています。

自分の身を守るために、専門家のアドバイスを受けるようにしましょう。書籍やウェブサイトで情報を集めましょう。

お金持ちの習慣 98

# 遺産相続について考えている

Plan for the end

## お金持ちになる人は早いうちから遺産相続を考え、お金持ちにならない人は自分の死後のことは考えない

「遺産相続の計画ほど、家族への重要な贈り物になるものはない」

ウェブサイト「unbiased.co.uk」による2017年のイギリスでの調査によれば、遺言書をすでに書いていると答えた人は全調査対象者の40%しかいませんでした。さらにこの割合は、35～54歳だと28%、18～34歳だと16%に落ち込みます。全体の6割を占める残りの調査対象者は、「高齢になったら遺言書を作成する」と答え、まだ作成していない主な理由として「資産が少ないため」を挙げています。その一方で、こんな事実もあります。国民の遺産に政府が課税する国では、財産の大部分が税金としてとられてしまうのです。

あなたが資産を築くために努力しようとしているのは、大切な人に財産を残したいという思いもあるからではないでしょうか。遺言状を作成すれば、誰に遺産を相続するかを指定できます。しかも、相続税を合法的に最小限に抑えられるのです。

ただし、あなたが遺言書をつくらずに死んでも、法律に基づいた相続がなされればそれでよいと考えているのであれば問題はありません。イギリスの場合、遺産はまず配偶者に3分の2が渡され、残りを子供たちが分け合う形で相続します。しかし、このような方法で財産を分割されたくない場合もあります。後継者として育ててきた子供たちのうちの一人だけに事業を引き継がせたい場合や、慈善団体や他の親族に遺産の大半を寄付や贈与したい場合などには、どうすればよいのでしょうか?

また、あなたの死後に家族が支払うべき相続税を最小限に抑えられるようにしておくこともお勧めします。あなたが生きている間に、相続のルールや非課税枠、財産贈与の方法などを家族に伝えておきましょう。

**お金の格言**

**遺産相続について事前に計画を立てておけば、安心感が得られ、家族に迷惑をかけることもない**

Planning ahead will give you peace of mind now, and avoid heartache and difficulties for your family.

# 実践しよう！

Put it into action

## □遺言書を作成する

前述のように、遺言書を作成している人は全体の40％しかいません。そのうちの一人になりましょう。遺言書の内容は、現在の状況に合わせて定期的に書き換えることをお勧めします。自分の大切な人にきちんとお金を残せるようにしましょう。遺言書の作成にはコストがほとんどかかりません。無料で作成できる場合もあります。書き方については、オンライン上で様々なアドバイスを見つけられます。

## □公的制度を最大限に活用する

各種の制度は最大限に活用しましょう。イギリスの場合なら、持ち家を直系の子孫に残す場合には、住宅非課税枠制度を利用することで、相続税の負担を減らせます。詳しくは、専門家に相談することをお勧めします。

## □生きているあいだに贈与する

イギリスなどの国では、生きているあいだに非課税で財産を贈与する様々な方法があります。

**・贈与者一人につき年間３０００ポンドまで非課税で贈与できる（ただし、贈与後７年以内に死亡した場合は、相続税が完全には非課税にならない場合がある）。**

**・可処分所得を無制限に寄付できる（可処分所得の計算には会計士のサポートが必要になる場合がある）。**

どの国に住んでいるかにかかわらず、確実に言えるのは、こうした制度の仕組みは複雑で直感的に理解できるものとは程遠いということです。専門家のサービスを利用しましょう。

## □親や祖父母と相続について話し合う

この章の内容を両親や祖父母に伝え、相続税ができるだけかからない方法であなたに財産を残してもらえるような計画を立てるよう促してみてはどうでしょうか。

お金持ちの習慣
99

# 100歳まで生きる準備をしている

Be ready to live beyond 100

**お金持ちになる人は長寿を前提に資産管理をし、お金持ちにならない人は老後に備えていない**

「現代人は、50歳を過ぎたら第二の人生を始めようという話をする。それは実際には、人生を2度生きることを意味している」

国連は、「センテナリアン」と呼ばれる100歳以上の長寿者が、現在の50万人から2050年には370万人に増えると予測しています。イギリス国家統計局によれば、100歳まで長生きする可能性のあるイギリス人は2割にも達します。イギリスのセンテナリアンは、現在の1万5000人から2081年には65万人以上に増えると予測されています。

| 定年時の年齢 | 現役の期間（年数） | 100歳で死ぬまでの定年後の年数 | 120歳で死ぬまでの定年後の年数 |
|---|---|---|---|
| 50歳 | 30 | 50 | 70 |
| 60歳 | 40 | 40 | 60 |
| 70歳 | 50 | 30 | 50 |

世界でもっとも長く生きたのは、122歳で亡くなったフランス人女性のジャンヌ・カルマンです。オランダのフローニンゲン大学の研究によれば、100歳を超えても健康的に生きることが今後はますます一般的になる可能性があります。2070年には、2万人に一人が125年以上生きることになると推定されています。つまり、勉強や仕事をして過ごした時間よりも、老後の方が長くなる可能性があるのです。

また、「静かな年金暮らし」とは違う形の老後を送ろうとする人もますます増えています。世界の国々を旅行する、外国に移住する、新しい趣味や活動を始める、会社を経営する、新しくビジネスを始める、働く、慈善活動やボランティア活動をする、といったことに積極的に取り組もうとしているのです。

私たちは、長い老後を送るためにお金の問題をどのように計画すればよいのでしょうか？

**お金の格言**

# 勉強や仕事をして過ごす時間よりも長期化するであろう老後に備える必要がある

It's possible you could spend more years in retirement than you did working and studying.

Put it into action

## 実践しよう!

### □長い老後に備える

将来、私たちの生活はどのように変わるのでしょうか? 予測されているのは、年をとっても完全に引退するのではなく、それまでと同じ仕事を続けるか、新しいキャリアやビジネスの機会を模索しようとする人が増えるということです。

ロンドン・ビジネス・スクールの研究者で、ベストセラー『ライフシフト』の著者であるアンドリュー・スコットとリンダ・グラットンが、100歳以上生きる場合に必要な老後資金を試算しています。それによれば、毎年給料の10%を貯蓄していたとしても、年金と現役時代の収入の半分に相当する額を貯金から取り崩しながら生活するには、80代後半まで働く必要があります。多くの国では公的年金の支給額が極めて低いため、高齢になっても働き続ける必要性がさらに高まります。

このため、現役時代に十分な資産を築いていない人は70代以降も働き続けることになるでしょう。イギリスの労働・年金省によれば、70歳以上の人の10人に1人は、やりがいだけではなく経済的な理由のために働き続けています。

100歳を超えても生きることは天からの贈り物だと言えます。医学の進歩により、高齢になっても健康を保ちやすくなりました。ですから、資産形成をこれからも継続していくなかで、将来の支出をこれまでよりも多目に見積もっておいたほうがよいでしょう。高齢になってからも、起業したり、再就職したりするなどして、資産を食いつぶさないようにしましょう。

お金持ちの習慣100

# 人生に悔いを残さないように生きている

Was it all worth it?

**お金持ちになる人は人生で大切なものを見つけていて、お金持ちにならない人は最期までそれがわからず後悔する**

「人生を振り返ったときに小さな後悔しかないと思えるように、今を生きているだろうか？」

今日何かをする、あるいは何かをしないことを、あなたは将来後悔するようになるでしょうか？　オーストラリアのホスピスで働く看護師で、『死ぬ瞬間の5つの後悔』の著者であるブロニー・ウェアは、死ぬ間際の患者数百人に「人生で後悔をしていることは何か」と尋ねました。その結果、ほとんどの患者が以下のように答えました。

・人が望む人生ではなく、自分らしく生きる勇気があればよかった。
・仕事をしすぎなければよかった。
・自分の気持ちを表現する勇気があればよかった。
・友人と連絡を取り合っていればよかった。
・もっと人生を楽しめばよかった。

経済的な目標を達成するために、時間と労力をかけて忙しく取り組むなかでも、周りを見て、今自分が手にしているものに感謝することを忘れないようにしましょう。

## お金の格言

**お金持ちになるのは、人生で一番重要なことではない——死ぬ間際の人たちの言葉が、私たちにそれを教えてくれる**

Getting rich isn't actually all that important at the end of the day. That's what people about to die will tell you.

Put it into action

# 実践しよう！

## □お金では買えないものを大切にする

過去や現在のことを後悔ばかりするのはやめましょう。いつも何かに腹を立てたり、不機嫌な気分で過ごしたりするのもやめましょう。今日すべきことに集中しましょう。そうすれば、落ち着いた気持ちで物事を判断できるようになっていきます。日記をつけると、目標に向かって着実に前進できるようになり、後悔することが減ります。

日々の生活のなかで、特に次の３つの点に注意してみましょう。

## □夢の実現に向けて時間を使う

あなたは、時間をうまく使っていますか？　それとも、現在とは違う時間の使い方をすべきだと思いますか？　一番大切なことに費やす時間をつくるためには、どのような活動を減らすべきだと思いますか？　お金ではなく、人生を充実させることを優先に考えてみましょう。

## □家族や友人との過ごし方を見直す

もっと多くの時間を過ごしたい人は誰ですか？　一緒にいる時間を減らしたい人は誰ですか？

身近な人と充実した時間を過ごすためには何をどのように変える必要がありますか？

## □「ごめんなさい」と「ありがとう」を伝える

過去の出来事について、謝っておきたい相手はいませんか？　「ごめんなさい」と伝えることで、私たちの心は驚くほど軽くなります。

感謝の言葉を伝えたい人はいますか？　その相手は、自分にもっとも近い人たちであることが多くあります。

誰も、一人きりでは豊かで幸せに満ちた人生を生きることはできないのです。

# あとがき

## 「すべてはあなた次第である」

本書の内容や実践項目、提案があなたに行動を起こさせ、経済的な目標を達成するための手助けになることを心から願っています。

ぜひ、本書で紹介した１００の習慣を土台にして、夢の実現を目指してください。同時に、自分自身で新しい習慣を見つけ出し、学び、実験を繰り返してください。そして、自分自身に合った習慣のリストをつくってみてください。

読者のみなさんが経済的に豊かになり、充実した有意義な生活を送れるようになることを願っています。ぜひ、みなさんの声をお聞かせください。フェイスブック、リンクトイン、ツイッター、インスタグラムで私とつながりましょう。

メールでのご連絡は「nigel@silkroadpartnership.com」宛でお願いします。

# 訳者あとがき

お金持ちになるために一番大切なことは何でしょうか?

それは、心構えと毎日の習慣です。

つまり、お金持ちになる人は日々、お金が増えていくような行動や思考をしていて、お金持ちにならない人はお金が貯まらないような行動や思考をしているのです。

本書は、裕福になるための鍵を握る「100の習慣」を、わかりやすい簡単な言葉で説明します。

著者は、ベストセラーとなった前作『成功者がしている100の習慣』で知られ、コーチングの分野でイギリストップレベルの実績を誇るナイジェル・カンバーランド。ファイナンスの専門知識と、株式や不動産などの投資家としての豊富な経験を活かし、その知見を惜しみなく読者に提供します。

お金持ちになるということは、お金持ちのマインドを持った人になるということです。小手先のテクニックだけでは、本当のお金持ちにはなれません。

だからこそ本書は、「なぜお金持ちになりたいのか」という根本的な理由について考えるところから始まります。この問題について熟考したあなたは、きっと「裕福になりたいのは富を見せびらかすためではなく、自分や大切な人の人生を自由で豊かにするためである」という「お金の真実」に気づくのではないでしょうか。

本書はこうした確かな土台となる考え方の上に、お金との上手な付き合い方から、人間関係、健康の問題をも含めた、資産を増やすために欠かせない考え方や行動指針を網羅的に紹介していきます。もちろん、知っているのといないのとでは将来的に大きな違いが生じうる、具体的な資産形成のテクニックも随所に紹介されます。また「実践しよう！」のコーナーでは、行動によって習慣を定着させるための具体的な方法が示されます。

どれもみなさんの人生を物質面だけではなく精神面も豊かにしてくれるような、一生の宝物となるような大切な習慣です。

ぜひお手元に末永く置いて何度も繰り返し読み、この素晴らしい習慣を取り入れてみてください。本書が、みなさんが有意義で価値ある人生を送るための一助となることを心から願っています。

本書の翻訳にあたっては、ダイヤモンド社書籍編集局の朝倉陸矢氏に数々の有益なアドバイスと温かく細やかなサポートをいただきました。心よりお礼申し上げます。

本書の参考資料一覧の PDF ファイルが、
以下の URL よりダウンロードいただけます。
https://www.diamond.co.jp/go/pb/okanemochi100.pdf

[著者]
**ナイジェル・カンバーランド**（Nigel Cumberland）
作家、リーダーシップ・コーチ。
1967年、イギリスのヨーク生まれ。ケンブリッジ大学卒業。世界最大級の人材サービス会社Adeccoや世界３大ミシン糸メーカーCoats plcで財務部長を務めた。シルクロード・パートナーシップの共同創立者。ロンドンとドバイを拠点に、同社を通じて企業幹部を対象にリーダーシップ・コーチングやメンターリングをおこなう。ハーバード大学メディカル・スクール附属コーチング養成機関の創立研究員でもある。これまで香港・ブダペスト・サンチアゴ・上海・ドバイで暮らし働いた経験から人生で成功するヒントを得た。出版した8冊の著書は、ドイツ・中国・ポルトガル・スペイン・ロシア・チェコ・スロバキア・ルーマニア・ドバイをはじめとする中東諸国・ブラジルなどの各国で翻訳されている。『成功者がしている100の習慣』（児島修訳、ダイヤモンド社）が日本でもベストセラーになっている。

[訳者]
**児島 修**（こじま・おさむ）
英日翻訳者。1970年生まれ。立命館大学文学部卒業（心理学専攻）。訳書に『成功者がしている100の習慣』『DIE WITH ZERO 人生が豊かになりすぎる究極のルール』（以上、ダイヤモンド社）、『やってのける』『自分の価値を最大にするハーバードの心理学講義』（以上、大和書房）などがある。

**お金持ちがしている100の習慣**

2021年７月27日　第１刷発行
2023年３月29日　第３刷発行

著　者――ナイジェル・カンバーランド
訳　者――児島 修
発行所――ダイヤモンド社
〒150-8409　東京都渋谷区神宮前6-12-17
https://www.diamond.co.jp/
電話／03･5778･7233（編集）　03･5778･7240（販売）

装丁――――重原 隆
本文デザイン―中井辰也
校正――――三森由紀子、鷗来堂
DTP・製作進行―ダイヤモンド・グラフィック社
印刷――――加藤文明社
製本――――ブックアート
編集担当――朝倉陸矢


ISBN 978-4-478-11308-0